De kleine NLP voor Dummies

Spiek Brief

Controleren of je op het goede spoor zit

Als je wilt bijhouden waar je heen wilt gaan, gebruik dan dagelijks of om de zoveel tijd de volgende checklist. Stel jezelf de volgende vragen:

- Wat wil ik?
- Wat gaat dat voor mij doen?
- Wat weerhoudt me?
- Wat is hier belangrijk voor me?
- Wat gaat goed?
- Wat kan beter?
- Welke bronnen gaan me steunen?

De vier pijlers van NLP

Dit is een overzicht van NLP in slechts vier belangrijke punten. Als je aandacht schenkt aan deze vier onderdelen, ben je al een eind op weg om NLP te integreren in de manier waarop je in het dagelijks leven te werk gaat.

- **Rapport.** Hoe je een relatie met anderen en met jezelf opbouwt.
- **Zintuiglijk bewustzijn.** Hoe de wereld er anders uitziet wanneer je al je zintuigen gebruikt.
- **Resultaatgericht denken.** Hoe je nadenkt over wat je wilt.
- **Flexibiliteit van gedrag.** Hoe je iets anders doet wanneer dat wat je momenteel doet nie[illegible]t.

Slimme mensen lezen ook andere titels uit de serie Voor Dummies!

9789045350288 **Beleggen voor Dummies, 3e editie** *Oudshoorn & Siks*
9789045350233 **Boekhouden voor Dummies** *Steenwinkel*
9789043029896 **Cognitieve gedragstherapie voor Dummies, 2e editie** *Willson & Branch*
9789043027526 **Excel 2013 voor Dummies** *Harvey*
9789043013499 **Gitaarspelen voor Dummies, 2e editie** *Phillips & Chappell*
9789043023115 **Golf voor Dummies, 4e editie McCord**
9789043026628 **Klussen voor Dummies, 2e editie** *Hamilton & Carey*
9789045350400 **Lean voor Dummies, 2e editie** *Sayer & Williams*
9789045350226 **Mac voor Dummies, 12e editie** *Baig*
9789043021494 **Mindfulness voor Dummies** *Alidina*
9789043025898 **Natuurkunde voor Dummies, 2e editie** *Holzner*
9789043022804 **NLP voor Dummies, 2e editie** *Ready & Burton*
9789043027533 **Office 2013 voor Dummies** *Wang*
9789043010191 **Pianospelen voor Dummies** *Neely*
9789043030885 **Psychologie voor Dummies, 2e editie** *Cash*
9789045350301 **Scrum voor Dummies** *Franken*
9789045350332 **Windows 8.1 voor Dummies** *Rathbone*

Voor Dummies in voordelige pocketeditie:

9789043026680 **Breien voor Dummies, pocketeditie** *Allen*
9789045350141 **Economie voor Dummies, 2e editie, pocketeditie** *Antonioni & Flynn*
9789045350363 **Je baby's eerste jaar voor Dummies, pocketeditie** *Gaylord & Hagen*
9789043025690 **Mediteren voor Dummies, 2e editie, pocketeditie** *Bodian*
9789043031479 **Verkopen voor Dummies, 3e editie, pocketeditie** *Hopkins*

De kleine voor Dummies:

9789045350189 **De kleine Facebook voor Dummies, 2e editie** *De Bruijn*
9789045350110 **De kleine Geschiedenis van Amsterdam voor Dummies** *Hell*
9789045350622 **De kleine LinkedIn voor Dummies, 2e editie** *Verdonck*

Dit is een selectie uit ons Voor Dummies-aanbod.
Deze Voor Dummies zijn verkrijgbaar in de boekhandel.
Een compleet overzicht van alle leverbare titels vind je op www.dummies.nl

De kleine NLP voor Dummies

Romilla Ready

Kate Burton

BBNC
uitgevers
Amersfoort, 2015

ISBN: 978-90-453-5080-6
NUR: 770
Trefw.: NLP, psychologie
Dit is een uitgave van BBNC uitgevers bv, Amersfoort
www.bbnc.nl
www.dummies.nl

Vertaling: Diederik Wouterlood voor Fontline
Samenstelling: Maria Heesen
Omslag en zetwerk: SBGO, Amsterdam

Vertaling uit: *Neuro-linguistic Programming For Dummies, 2nd edition*
Chichester, West Sussex: John Wiley & Sons, Ltd, 2010
Samengesteld uit: *NLP voor Dummies, 2e editie*

Eerste druk, februari 2012
Tweede druk, februari 2014
Derde druk, januari 2015

Inhoud

Inleiding

De afgelopen jaren is NLP steeds populairder geworden. Voor een deel komt dat omdat het 'aha'-momenten oplevert: je ziet gewoon dat het zinvol is. Toch worden nog veel mensen afgeschrikt door de naam (neuro-linguïstisch programmeren) en het jargon van NLP. Een beetje uitleg is dus wel op zijn plaats:

- **Neuro** heeft betrekking op wat in je hersenen gebeurt.
- **Linguïstisch** verwijst niet alleen naar de woorden die je in je communicatie gebruikt, maar ook naar je lichaamstaal en hoe je die gebruikt.
- Met **programmeren** worden de hardnekkige gedragspatronen bedoeld die je leert en vervolgens blijft herhalen.

Over dit boek

Het doel van dit boekje is iedereen te boeien die mensen boeiend vindt. Via een proefondervindelijke aanpak moedigt NLP mensen aan actie te ondernemen om hun leven vorm te geven. Het is aantrekkelijk voor degenen die bereid zijn de dingen 'een kans te geven' en hun geest voor nieuwe mogelijkheden open te stellen.

Indeling van dit boek

We hebben dit boekje gesplitst in tien hoofdstukken. In de inhoudsopgave vind je meer details over elk hoofdstuk. Bovendien hebben we aan het begin een cartoon toegevoegd, gewoon om je op te vrolijken.

Inleiding in NLP

Iemand zei ooit: 'Als je altijd doet wat je altijd hebt gedaan, zul je altijd krijgen wat je altijd hebt gekregen.' Houd deze wijze woorden in gedachten zodra je zelf door NLP-land begint te zwerven. In het eerste hoofdstuk krijg je een indruk van wat NLP voor je kan doen. Houd bij het begin één ding in je achterhoofd, namelijk dat je even je ongeloof of aannamen opzijzet die je leerproces kunnen belemmeren. In dit hoofdstuk nodigen we je uit na te denken over de beste NLP-vraag die er is, namelijk 'wat wil ik?' Daarna nemen we een kijkje achter schermen in je hersenen en je onbewuste denkprocessen. Interessante onderwerpen, ben je hopelijk met ons eens.

Vrienden maken en mensen beïnvloeden

Heb je ooit de verzuchting geslaakt hoe gemakkelijk het leven zou zijn als anderen maar zouden doen wat jij wilt? Wij beweren niet dat we kunnen toveren en dat je je ergste vijanden uit je hand kunt laten eten, maar *rapport* is zo'n essentieel thema in NLP dat de kern van dit boek, de hoofdstukken 2, 3 en 4, aan dit onderwerp zijn gewijd. In deze hoofdstukken reiken we je de gereedschappen aan om het gezichtspunt van anderen te begrijpen. We laten je zien hoe je verantwoordelijkheid neemt voor de veranderingen die je in je relaties met andere mensen in je leven wilt aanbrengen en we leren je hoe je je gedrag flexibeler kunt maken.

De gereedschapskist gaat open...

Je krijgt in de hoofdstukken 5, 6, 7, 8 en 9 de gelegenheid om een blik te werpen in de toverdoos van NLP. Hier vind je een heleboel praktische dingen waarmee je aan de slag kunt gaan. Je verneemt hoe je je eigen denken kunt aanpassen om situaties aan te pakken die je lastig vindt, en hoe je de hulpmiddelen aanboort om gewoonten te veranderen waar je niets meer aan hebt. Daarna kijk je in de toekomst en ga je aan de slag met tijdsconcepten om oude kwesties op te lossen en ervoor te zorgen dat er een zonniger levenspad voor je ligt.

Het hoofdstuk van de tientallen

In dit hoofdstuk bekijken we tien films met een NLP-bril op. Hopelijk inspireert het je om je omgeving zelf ook bewuster waar te nemen!

Pictogrammen die in dit boek worden gebruikt

Aan de hand van de volgende pictogrammen in dit boek zul je bepaalde informatie gemakkelijker kunnen vinden:

Naast dit pictogram staan NLP-termen die je misschien als woorden uit een vreemde taal in de oren klinken, maar die binnen NLP een precieze betekenis hebben.

Dit pictogram wijst op ideeën en activiteiten waarmee je NLP-technieken kunt oefenen of die je anderszins aan het denken zetten.

Dit pictogram duidt op praktisch advies als je NLP voor jou aan het werk wilt zetten.

Dit pictogram herinnert je vriendelijk aan belangrijke punten die je niet moet vergeten.

Dit pictogram waarschuwt voor dingen die je moet vermijden in je enthousiasme om NLP-vaardigheden in je eentje uit te proberen.

En nu...

Je hoeft dit boekje niet van het begin tot eind te lezen, maar je zult er wel enorm baat bij hebben als je de informatie oppikt in het tempo en in de volgorde die bij jou past. Kijk in de inhoudsopgave om te zien waar je aandacht in de eerste plaats naar uitgaat. Als je bijvoorbeeld inzicht in anderen wilt krijgen, ga dan om te beginnen naar hoofdstuk 3. Of als je wilt weten wat je bezielt, lees je eerst hoofdstuk 2 om de kracht van je zintuigen te ontdekken. Neus gerust vrijelijk rond!

Zodra je het boekje hebt gelezen en je graag meer wilt weten, raden we je aan om NLP onder leiding van een coach of via workshops tezamen met anderen intenser te ervaren.

The 5th Wave — By Rich Tennant

'Hoezo geen zelfvertrouwen? Je draagt een zonnebril van Versace, een trui van Tommy Hilfiger, een Calvin Klein-broek en Michael Jordan-gymschoenen. Dus ga nu naar buiten en wees gewoon jezelf.'

Hoofdstuk 1

Kennismaken met NLP

In dit hoofdstuk:

- De kernthema's van NLP
- De vooronderstellingen van NLP
- Flexibel worden zodat je 100 procent verantwoordelijkheid voor elke interactie kunt nemen

Hier is een kleine soefiwijsheid over een man en een tijger: een man wordt achterna gezeten door een hongerige tijger. Wanhopig staat hij stil; hij draait zich om en roept tegen de tijger: 'Waarom laat je me niet met rust?' Waarop de tijger antwoordt: 'Waarom stop jij niet met er zo smakelijk uit te zien?'

Bij elke communicatie tussen twee personen is er altijd meer dan één gezichtspunt. Soms beseffen mensen dat niet omdat ze niet weten hoe ze hun gedrag zodanig kunnen veranderen dat ze krijgen wat ze willen.

Neurolinguïstisch programmeren (NLP) is momenteel een van de meest verfijnde en doelmatige methoden die je helpt effectief te communiceren.

Een inleiding in NLP

Alle gewone mensen worden geboren met dezelfde elementaire neurologie. Je *neurologische systeem* brengt de informatie die je uit je omgeving ontvangt via je zintuigen over naar je hersenen. Je omgeving is in dit verband alles wat zich buiten je bevindt, maar omvat ook je lichaamsorganen zoals je ogen, je oren, je huid, je maag en je longen. Je hersenen verwerken de informatie en sturen boodschappen terug naar je organen. Bij je ogen kan dit er bijvoorbeeld toe leiden dat je knippert. De informatie kan ook emoties veroorzaken en laten huilen of lachen.

Alles wat je in je leven doet – baantjes zwemmen, koken, dit boek lezen – hangt af van de manier waarop je op de prikkels van je zenuwstelsel reageert. Daarom is een groot deel van NLP gewijd aan het ontdekken hoe je doelmatiger kunt denken en effectiever met anderen communiceert.

De term *neurolinguïstisch programmeren* kan worden gesplitst in de volgende onderdelen:

- **Neuro** heeft betrekking op je zenuwstelsel. NLP is gebaseerd op de gedachte dat je de wereld via je zintuigen ervaart en dat je je sensorische processen vervolgens omzet in (zowel bewuste als onbewuste) denkprocessen. Denkprocessen activeren het neurologische systeem dat op zijn beurt van invloed is op je fysiologische functies, je emoties en je gedrag.

- **Linguïstisch** verwijst naar de manier waarop je taal gebruikt om de wereld zin te geven, ervaringen vast te leggen, in begrippen om te zetten en die aan anderen mee te delen. In NLP is linguïstiek de studie van hoe je lichaamstaal en de woorden die je spreekt, je ervaring beïnvloeden.

- **Programmeren** sluit nauw aan op leertheorieën en houdt zich bezig met de vraag hoe je je ervaringen codeert en mentaal representeert. Jouw persoonlijke programmering bestaat uit je interne processen en strategieën (denkpatronen) waarmee je beslissingen neemt, problemen oplost, leert, evalueert en resultaten boekt. NLP laat zien hoe je je ervaringen op andere manieren kunt coderen en je interne programmering zodanig kunt ordenen dat je de gewenste resultaten kunt behalen.

PROBEER DIT

Ga eens na hoe je denkt om te ervaren hoe dat proces in de praktijk verloopt. Stel je voor dat het een warme zomerdag is. Je komt thuis aan het einde van de dag en je staat in de keuken met een citroen die je uit de ijskast hebt gepakt. Je kijkt naar de citroen in je hand. Je ziet de gele schil, je voelt hoe koud de zuidvrucht in je hand aanvoelt. Je brengt de citroen naar je neus en je ruikt. Mmmmm. Je knijpt zachtjes in de citroen en je voelt het gewicht van de vrucht in je hand. Pak nu een mes en snijd de citroen doormidden. Knijp de twee helften uit in een beker, hoor het sap druppelen en merk op dat de geur nu sterker is. Neem een slokje en houd het sap even op je tong.

BELANGRIJK

Woorden. Simpele woorden beschikken over de kracht om je speekselklieren aan het werk te zetten. Zodra je het woordje *citroen* hoort, komen je hersenen al in actie. De woorden die je las, deelden je hersenen mee dat je een citroen in je hand had. Misschien denk je dat woorden alleen maar betekenissen aanduiden, maar feitelijk creëren ze jouw werkelijkheid. In dit boek zul je hier nog veel meer over horen.

Enkele snelle omschrijvingen

NLP kan op verschillende manieren worden omschreven. De formele definitie luidt dat NLP de studie van de structuur van onze subjectieve ervaring is. Hier volgen nog enkele andere antwoorden op de hamvraag wat NLP nu eigenlijk is:

- NLP is de kunst en de wetenschap van communicatie.
- NLP is de sleutel tot leren.
- NLP gaat over wat jou en andere mensen bezielt.
- NLP is de manier om gewenste resultaten op alle mogelijke gebieden in je leven te boeken.
- NLP is de kunst om anderen op een oprechte manier te beïnvloeden.
- NLP is een handleiding voor je hersenen.
- NLP is het geheim van mensen die in hun leven slagen.
- NLP is de manier om je eigen toekomst te scheppen.
- NLP helpt mensen hun werkelijkheid zin te geven.
- NLP is de gereedschapskist voor verandering in de zakelijke en privésfeer.

Hoe NLP begon en waar NLP naar toe gaat

NLP ontstond in het begin van de jaren zeventig van de vorige eeuw aan de Universiteit van Santa Cruz (Californië). Richard Bandler, die informatiewetenschap en wiskunde studeerde, en John Grinder, hoogleraar in de linguïstiek, bestudeerden communicatie-experts die andere mensen hielpen veranderen. Ze raakten gefascineerd door het feit dat sommigen het vermogen schenen te hebben om tot 'moeilijke' of ernstig geesteszieke mensen door te dringen, terwijl anderen daar op geen enkele manier toe in staat waren.

NLP heeft zijn wortels in een therapeutische context dankzij drie wereldberoemde therapeuten die door Bandler en Grinder werden bestudeerd: Virginia Satir (de grondlegster van de gezamenlijke gezinstherapie), Fritz Perls (grondlegger van de gestalttherapie) en Milton H. Erickson (grotendeels verantwoordelijk voor de ontwikkeling van de klinische hypnotherapie).

In hun werk ontleenden Bandler en Grinder bovendien veel aan de vaardigheden van de linguïsten Alfred Korzybski en Noam Chomsky, de sociaal-antropoloog George Bateson en de psychotherapeut Paul Watzlawick.

In de jaren tachtig werd John Grinder wat ontevreden over een deel van het werk (door hem Classic Code genoemd) dat hij samen met Bandler had gedaan. Met Judith DeLozier ontwierp hij nieuwe modellen (de zogeheten New Code), die hij in zijn boek *Whispering in the Wind* beschreef en daarna met Carmen Bostic St. Clair verder ontwikkelde.

Een groot deel van de ontwikkeling van NLP spitst zich momenteel toe op toepassingen, niet op kernmodellen; mensen die deskundig zijn op een bepaald gebied incorporeren NLP-gereedschappen en passen ze op hun eigen terrein toe. Aangezien NLP nieuwe opvattingen en nieuwe keuzemogelijkheden aanmoedigt en de positieve intentie achter alle handelingen bekrachtigt, kunnen we alleen maar zeggen dat de toekomst een massa mogelijkheden biedt. Voor het overige heb jij het voor het zeggen.

Een opmerking over integriteit

In verband met NLP hoor je mogelijk al snel de termen *integriteit* en *manipulatie* vallen, dus willen we daar gelijk iets over zeggen. Je beïnvloedt anderen doorlopend. Wanneer je dat bewust doet om een doel te bereiken, rijst er een integriteitskwestie. Ben je anderen aan het manipuleren om te krijgen wat je wilt ten koste van die anderen?

Stel daarom aan jezelf, bijvoorbeeld in een verkoopsituatie, een hele simpele vraag: 'Wat is je positieve intentie ten aanzien van de ander (ongeacht of het een persoon of een bedrijf is)?' Als je intentie goed is en het je bedoeling is dat de ander er beter van wordt, is er sprake van integriteit (ofwel van een *win-winsituatie*). Zo niet, dan is er sprake van manipulatie. Wanneer je win-winsituaties nastreeft, ben je op de goede weg naar succes.

De pijlers van NLP: stevig en zonder franje

Om te beginnen moet je begrijpen dat het in NLP gaat om vier zaken, die als 'de pijlers van NLP' bekendstaan. Deze vier kernbegrippen zijn:

- **Rapport.** Hoe je een relatie met anderen en met jezelf opbouwt is waarschijnlijk het grootste geschenk dat NLP je kan geven. Gezien de haast waaronder de meesten van ons in hun privéleven en op hun werk gebukt gaan, is een belangrijke les die je van *rapport* kunt leren, hoe je *nee* kunt zeggen tegen pogingen van anderen om beslag te leggen op je tijd, terwijl je toch vriendschappelijke of beroepsmatige relaties blijft onderhouden.
- **Zintuiglijk bewustzijn.** Heb je wel eens opgemerkt dat de kleuren, geluiden en geuren in het huis van iemand anders altijd lichtelijk verschillen van die bij jou thuis? Of dat een bepaalde collega er zorgelijk uitziet als hij over zijn werk praat? Net als de beroemde detective Sherlock Holmes zal het je opvallen dat de wereld veel rijker is als je aan al je zintuigen aandacht schenkt.
- **Resultaatgericht denken.** In dit boek zal menigmaal de term *resultaat* vallen. Wat dit inhoudt, is dat je leert te denken in termen van wat je wilt, in plaats van in een negatieve denkspiraal opgesloten te blijven. De principes

van een resultaatgerichte aanpak kunnen je helpen de beste beslissingen te nemen en de beste keuze te maken. Dit kan variëren van wat je het komende weekend gaat doen tot het uitvoeren van een belangrijk project of het ontdekken van je ware doelen in het leven.

- **Flexibiliteit van gedrag.** Dit betekent dat je een andere aanpak hanteert als je huidige werkwijze niets oplevert. Bij het in praktijk brengen van NLP vormt flexibel zijn de sleutel; in elk hoofdstuk zul je hiervan voorbeelden aantreffen. We zullen je helpen frisse, nieuwe gezichtspunten op te sporen en deze in je gedragsrepertoire op te nemen.

Modellen en modelleren

Zoals eerder in dit hoofdstuk al werd gezegd, begon NLP als een model van hoe we met onszelf en anderen communiceren, op basis van onderzoek naar uitmuntende communicatie-experts. Modellen en modelleren vormen derhalve de kern van NLP.

Het uitgangspunt daarbij is het volgende: als je mensen kunt vinden die op een bepaald gebied uitblinken, kun je modelleren hoe ze dat doen en daarvan leren. Dit betekent dat je een willekeurig persoon die je bewondert, kunt leren modelleren (ofwel navolgen): topmensen in het zakenleven, de barkeeper in je favoriete café of je energieke aerobicsdocente.

Het NLP-communicatiemodel

Het NLP-model verklaart hoe je de informatie verwerkt die jou vanuit de buitenwereld bereikt. Volgens NLP reageer je in je leven niet zozeer op de wereld om je heen, als wel op het model of de plattegrond die je van die wereld hebt gemaakt.

Een fundamentele aanname van NLP is dat 'de kaart niet gelijk is aan het gebied'. Wat dit inhoudt, is dat jij en ik dezelfde gebeurtenis kunnen ervaren, maar dan wel op een verschillende manier.

Stel je voor dat je plotseling in een totaal andere cultuur aan de andere kant van de wereld wordt neergepoot. De gedachten en aannamen van jouw nieuwe buren ten aanzien van de wereld en de loop van het leven zullen sterk van de jouwe verschillen.

BELANGRIJK

NLP verandert niet de wereld, maar helpt je eenvoudigweg de manier te veranderen waarop je de wereld waarneemt. NLP helpt je een andere of gedetailleerdere kaart te maken, waardoor je effectiever kunt handelen.

Excellentie modelleren

Excellentie modelleren is een thema dat in dit boek veelvuldig wordt besproken omdat zo'n groot gedeelte van NLP op de toekomst is gericht en wordt toegepast om veranderingen ten goede te verwezenlijken. Die verandering kan bijvoorbeeld betere vaardigheden, een verhoogde levenskwaliteit of een betere wereld voor de volgende generatie behelzen.

De NLP-aanpak luidt dat alles wat iemand doet door een ander kan worden aangeleerd, als het leerproces maar in voldoende mate in kleine onderdelen kan worden opgesplitst. Het is een uitgangspunt dat je meer kracht geeft en dat tevens een aanmoediging is om overweldigend grote projecten in een heleboel kleine projecten op te splitsen en mensen op te zoeken die zo'n project al hebben gedaan en je de weg kunnen wijzen.

Tips om NLP optimaal te gebruiken

Zoals je zult zien, vergroot je je keuzemogelijkheden wanneer je NLP praktisch toepast. Het is maar al te gemakkelijk om in de val van je beperkte ervaringen te lopen en te verzuchten:

'Dit is de manier waarop we de dingen doen en zo moet het nu eenmaal worden gedaan.' Om profijt te trekken van NLP zul je je open moeten opstellen en jezelf en anderen de gelegenheid moeten geven om je normen op een positieve manier van een vraagteken te voorzien en uit te dagen. Hier volgen enkele tips om je eraan te herinneren hoe je dat doet.

Attitude staat voorop

In wezen is NLP een positieve houding ten aanzien van je leven en je mogelijkheden en niet een manier om bij je problemen stil te blijven staan. NLP biedt je bovendien een methode die je de middelen en de vaardigheden aanreikt om alles wat in dit leven geen afspiegeling is van jezelf te veranderen. Letterlijk alles is mogelijk als je over de mentaliteit en de attitudes beschikt die op succes zijn gericht. Als jouw attitudes je niet helpen een bevredigend leven te leiden, zul je daar wellicht verandering in willen aanbrengen. Door je mentaliteit en je attitudes te veranderen, verander je beslist je leven.

Veel mensen piekeren vaak over de negatieve dingen in hun leven: ze hebben een hekel aan hun werk, ze willen niet roken, ze willen niet dik zijn. Door jezelf te leren concentreren op wat je wél wilt, kun je snel positieve resultaten behalen.

Nieuwsgierigheid en verwarring zijn goed voor je

Er zijn twee dingen waar je veel aan hebt: nieuwsgierigheid en verwarring. *Nieuwsgierigheid* is accepteren dat je niet het antwoord weet op alle vragen. De *bereidheid* om in *verwarring* te zijn is goed omdat dit aan nieuw inzicht voorafgaat. De grote hypnotherapeut Milton H. Erickson zei ooit: 'Inzicht wordt altijd voorafgegaan door verwarring.'

Als je tot de ontdekking komt dat sommige ideeën in dit boekje je in verwarring brengen, wees dan je onbewuste dankbaar, want dit is de eerste stap op weg naar inzicht. Beschouw de verwarring als een teken dat je bezig bent informatie te verwerken, te zeven en je weg vooruit te vinden, en dat je intuïtief meer weet dan je dacht.

Over verandering beslis jij

De verantwoordelijkheid voor verandering ligt bij *jou*; dit boekje maakt het slechts gemakkelijker. Als jij niet voor verandering openstaat, is dit boekje weggegooid geld. Daarom moedigen we je aan de oefeningen te doen, na te gaan wat je hebt geleerd en het geleerde daarna op anderen over te brengen, want onderwijzen komt neer op tweemaal leren. Tegen de tijd dat je dit boekje uit hebt, zul je waarschijnlijk verbaasd zijn hoezeer je al bent veranderd.

Vooronderstellingen van NLP

NLP-vooronderstellingen zijn niet meer dan generalisaties over de wereld. Ze kunnen nuttig voor je zijn wanneer je je gedraagt alsof ze waar zijn. Wij beschouwen de volgende vooronderstellingen als de invloedrijkste die door de stichters van NLP werden ontwikkeld. Bekijk ze maar eens.

De kaart is niet hetzelfde als het gebied

Een eerste vooronderstelling luidt dat *de kaart niet hetzelfde is als het gebied*. Deze stelling werd in 1933 geponeerd door de Poolse graaf en wiskundige Alfred Korzybski in zijn boek *Science and Sanity*. Korzybski refereerde aan het feit dat je de wereld ervaart via je zintuigen (zien, horen, tast, reuk en smaak). Dit komt overeen met het gebied. Vervolgens maak je van dat externe verschijnsel een interne representatie in je hersenen. Dat is de kaart.

De interne plattegrond die je van de externe wereld maakt, is gevormd door je waarneming en is nooit een exacte kopie. Met andere woorden, wat zich in de buitenwereld bevindt, kan nooit hetzelfde zijn als wat zich in je hersenen bevindt.

Neem de volgende analogie. Als je een botanicus vraagt wat Belladonna betekent, zal hij je de Latijnse naam van de plant noemen en de bloemen en hun geur beschrijven terwijl hij de plant in gedachten ziet. Een homeopaat zal daarentegen het gebruik van deze plant bij bepaalde symptomen noemen en heeft daarbij wellicht een beeld van een behandelde patiënt voor ogen. En als je een schrijfster van misdaadromans raadpleegt, zal ze zeggen dat Belladonna een vergif is.

Het punt is dat mensen een verschillende mentale representatie maken van hetzelfde ding of dezelfde gebeurtenis, afhankelijk van de context en hun persoonlijke achtergrond.

Waarnemingen zijn je persoonlijke filter gepasseerd

Jouw zintuigen bombarderen je met twee miljoen stukjes informatie per seconde. Je bewuste kan op elk willekeurig moment slechts vijf tot negen stukjes informatie aan, dus wordt er nogal wat informatie uitgefilterd. Dit filterproces wordt gekleurd door je waarden, overtuigingen, herinneringen, beslissingen, ervaringen en bovendien door je culturele en sociale achtergronden. Slechts de informatie waarop je filters zijn afgestemd, wordt binnengelaten.

Onbekend gebied: de plattegrond van iemand anders afreizen

Wat dit betekent is dat elk van ons een uiterst individuele plattegrond van de wereld heeft, en dat het, om de communicatie gemakkelijker te maken, een uiterst nuttige oefening is om minimaal de interne realiteit (ofwel de plattegrond) te beseffen van de persoon met wie je communiceert.

Nadat ik in een cafetaria wat had gegeten, verzochten ze me een vragenlijstje in te vullen over de kwaliteit, de geboden service en dergelijke. De serveerster was nogal opgewonden omdat net een man was weggegaan die heel bot had geweigerd het vragenlijstje in te vullen. Ik vroeg de serveerster of ze de mogelijkheid had overwogen dat de man analfabeet was, en zich daarom uit verlegenheid zo ruw had gedragen. 'Nee, daar ik heb ik geen moment aan gedacht', zei ze. Haar stemming veranderde onmiddellijk van boosheid en irritatie in oprechte sympathie. Bovendien voelde ze zich prettiger en kon ze de negatieve gevoelens die ze had opgekropt, opzijzetten.

Zodra je dit proces begint te beheersen, zul je niet alleen ontdekken dat je met je lot tevredener bent, maar ook dat je mensen en hun eigenaardigheden gemakkelijker accepteert.

Mensen reageren op basis van hun plattegrond van de wereld

Je reageert op grond van de plattegrond van de wereld die je in je hoofd hebt. Die kaart is gebaseerd op wat je vindt van je identiteit, je waarden en overtuigingen, en je attitudes, herinneringen en culturele achtergrond.

Soms kun je niet wijs worden uit de plattegrond op grond waarvan iemand handelt. Toch kan een beetje begrip en tolerantie je leven helpen verrijken.

Falen bestaat niet, alleen feedback bestaat

Dit is een hele krachtige leidraad voor je leven. Iedereen maakt fouten en krijgt wel eens met een tegenslag te maken. Je hebt de keuze tussen jezelf door de ongewenste resultaten te laten terneerdrukken of lering te trekken uit de lessen die je hebt geleerd, jezelf te herpakken en nog eens een poging te wagen om de hindernis te nemen.

Normale feedback wordt geassocieerd met input ontvangen of een reactie krijgen van een andere persoon. In het kader van deze vooronderstelling is de betekenis van *feedback* wat ruimer en omvat het ook het resultaat of het gevolg dat een bepaalde situatie kan opleveren.

Bij piekeren over 'falen' blijf je je concentreren op het verleden en de problemen. Door de resultaten te bekijken die je al hebt behaald, zelfs als dat ongewenste resultaten zijn, kun je je aandacht vervolgens op andere mogelijkheden richten en stappen ondernemen.

Wanneer je 'faalt', kun je deze NLP-vooronderstelling gebruiken om je groeimogelijkheden na te gaan door jezelf enkele vragen te stellen. Denk aan een situatie waarin je 'faalde' en vraag jezelf vervolgens af:

- Wat wil ik bereiken?
- Wat heb ik tot dusverre bereikt?
- Welke feedback heb ik gehad?
- Welke lessen heb ik daaruit geleerd?
- Hoe kan ik die lessen positief aanwenden?
- Hoe ga ik mijn succes meten?

Sta daarna snel op en probeer het nog eens!

De betekenis van de communicatie is de reactie die erdoor wordt opgeroepen

Hoe goedbedoeld de intentie van je communicatie ook is, het succes van de interactie is toch allereerst afhankelijk van hoe de boodschap door de luisteraar wordt ontvangen en niet van wat je bedoelt te zeggen. Met andere woorden, de betekenis van de communicatie is de reactie die de communicatie opwekt.

Dit is alweer een erg krachtige aanname over communicatie. De verantwoording voor het overbrengen van de boodschap wordt regelrecht op jouw bordje gelegd. Zodra je je deze vooronderstelling eigen hebt gemaakt, leg je de schuld voor eventuele misverstanden niet langer bij een ander. Als de reactie niet is wat je verwachtte, beschik jij als NLP-student over de middelen om je zintuigen te gebruiken en te beseffen dat de andere persoon niet snapt wat je probeerde over te brengen. Bovendien zul je, via je gedrag en je woorden, zo flexibel zijn dat je het daarna anders aanpakt.

Begin met het einddoel in gedachten en bedenk wat het gewenste resultaat van je communicatie moet zijn. Wat zou er gebeuren als een huizenbouwer met bouwen begint door doelloos stenen op elkaar te stapelen? Dat levert in elk geval geen kathedraal op! Om iets met een sterke fundering te bouwen moet je beginnen met de visie die een architect op het eindproduct heeft. Dat is bovendien een goede manier om je emoties erbuiten te houden wanneer je in een situatie belandt die lastig zou kunnen worden.

Als wat je doet niet werkt, doe dan iets anders

Deze vooronderstelling is zo simpel en toch verander je je gedrag niet altijd wanneer de dingen niet lopen zoals je zou willen. Per slot van rekening is het veel gemakkelijker om vast te houden aan je eigen gewoonten en van andere mensen te verlangen dat zij veranderen. Besef dat niet iedereen over dezelfde interne hulpbronnen beschikt als jij. Alleen al het feit dat je dit boek leest, betekent dat je het initiatief hebt genomen om veranderingen in je leven aan te brengen. Dus denken we dat het waarschijnlijk veel minder energie kost om jezelf te veranderen dan dat iemand anders zich aan jouw idealen aanpast.

Als je deze NLP-vooronderstelling accepteert, erken je dat het beter is om van tactiek te veranderen dan met je hoofd tegen een muur te blijven beuken of je tijd te verspillen met klagen over je noodlot. Toch moet je weten waarom je huidige handelingen geen effect sorteren voordat je je tactiek daadwerkelijk kunt wijzigen of iets anders kunt uitproberen.

Goed, waarom werken sommige dingen die je doet niet? Kan het zijn dat je niet precies hebt kunnen overbrengen wat je wilt? Misschien hebben anderen nog niet de benodigde hulpbronnen ontdekt waarmee ze je kunnen helpen je doel te bereiken. Wat kun je op een andere manier doen om de gewenste resultaten wel te realiseren?

Niet communiceren is onmogelijk

Heb je ooit tegen iemand geglimlacht en iets beleefds gemompeld terwijl je bij jezelf dacht: 'Ach, val dood jij.' Nee? Des te beter, want als auteurs van dit boek wedden we dat je lichaamshouding of de manier waarop je grijnst niemand voor de gek kan houden. Als de persoon aan de ontvangende kant van de communicatielijn NLP heeft geleerd of zintuiglijk een beetje onderlegd is, weten we zeker dat het gebrek aan warmte in je ogen, de grimlach achter je glimlach of de enigszins smalende klank van je stem zouden opvallen. Dus zelfs als je niet 'val dood' zegt, breng je die boodschap hoogstwaarschijnlijk toch over.

Dit is ook aangetoond in een fascinerend onderzoek van professor Albert Mehrabi. Wanneer er wordt gepraat over gevoelens en attitudes, vooral wanneer er een verschil is tussen de lichaamstaal en de gebruikte woorden, hebben woorden slechts een kleine impact in vergelijking met stemtoon en lichaamshouding. In daaropvolgend onderzoek werd de volgende invloed van diverse factoren gevonden:

- verbaal (de woorden die je zegt): 7 procent;
- klank van de stem (hoe je praat): 38 procent;
- fysiologie (je lichaamstaal): 55 procent.

Mensen beschikken over alle middelen die ze nodig hebben om de door hun gewenste resultaten te bereiken

Wij zijn dol op deze vooronderstelling! Zij is zo positief. Wat deze uitspraak betekent, is dat iedereen over het vermogen beschikt om zich te ontwikkelen en te groeien. Het belangrijkste punt dat we hier aan willen toevoegen, is dat je misschien niet beschikt over *alle* interne middelen die je nodig hebt, maar dat je in elk geval over de interne middelen beschikt om nieuwe interne en externe hulpbronnen aan te boren.

Elk gedrag heeft een positieve bedoeling

Helaas geldt dit ook voor slecht of improductief gedrag. Bij slecht gedrag is de eraan ten grondslag liggende positieve bedoeling (*secundaire winst*) aan het zicht onttrokken.

Secundaire winst is het voordeel dat iemand onbewust krijgt van een bepaald gedrag dat gewoonlijk als zelfondermijnend of slecht wordt beschouwd. Zo speelt een kind bijvoorbeeld de grapjas in de klas in de hoop door zijn klasgenoten te worden geaccepteerd, hoewel zijn docenten en zijn ouders zijn gedrag tamelijk destructief vinden.

Als je de verborgen positieve intentie begrijpt die er de oorzaak van is dat iemand zich op een speciale, afhankelijke manier gedraagt, kun je je flexibiliteit en daarmee je vaardigheid om te communiceren vergroten. Vervolgens kun je helpen het ongewenste gedrag te veranderen door de intentie van het gedrag op een positievere manier te bevredigen.

Mensen zijn veel meer dan gedrag alleen

Slecht gedrag maakt iemand nog niet tot een slecht mens. Het is echt van belang het gedrag van de persoon te scheiden. Mensen kunnen zich slecht gedragen als ze niet beschikken over de innerlijke bronnen of het vermogen om zich anders te gedragen. Misschien bevinden ze zich in een omgeving die verhindert dat ze hun beste beentje voorzetten. Door mensen te helpen hun vaardigheden te ontwikkelen of ze helpen verhuizen naar een gunstigere omgeving breng je vaak een dramatische gedragsverandering teweeg en stuw je ze naar een hoger excellentieniveau.

Lichaam en geest beïnvloeden elkaar

Holistische geneeskunde werkt vanuit de gedachte dat de geest het lichaam beïnvloedt en dat het lichaam de geest beïnvloedt. Om ervoor te zorgen dat mensen gezond blijven moeten medici meer doen dan alleen de fysieke symptomen bestrijden. Ze moeten zowel de geest als het lichaam onderzoeken en beide tegelijk behandelen.

Recent onderzoek heeft aangetoond hoe hecht de koppeling tussen lichaam en geest is. Neurotransmitters zijn chemische stoffen die impulsen via je zenuwbanen versturen. Zij zorgen ervoor dat de hersenen met de rest van lichaam communiceren. Elke gedachte die je denkt bereikt de verste, minuscuulste cel in je lijf via neurotransmitters.

Ander onderzoek heeft uitgewezen dat dezelfde neurotransmitters die in de hersenen worden aangetroffen, ook door je interne organen kunnen worden aangemaakt. Dus de gedachte dat boodschappen worden opgesteld en linea recta via de neuronen worden verzonden, is niet langer juist, want deze boodschappen kunnen eveneens door je organen worden opgesteld en verstuurd.

Ga als volgt te werk als je de koppeling tussen lichaam en geest beter wilt begrijpen en in actie wilt zien:

1. Maak een cirkel met je linkerwijsvinger en je duim.

2. Maak door de eerste cirkel heen een cirkel van je rechterwijsvinger en je duim.

   (De cirkels zijn geschakeld; je kunt de koppeling alleen verbreken door hard met je ene of andere hand te trekken.)

3. Denk aan iemand die je echt aardig vindt en trek hard om de cirkels te verbreken.

   Lastig, hè?

4. Denk aan iemand aan wie je echt een hekel hebt en trek hard om de cirkels te verbreken.

   Is dat wat gemakkelijker?

Kostte het minder moeite om de cirkels te verbreken toen je aan iemand dacht die je niet aardig vond? Als een eenvoudige gedachte invloed kan hebben op de druk die je spieren kunnen uitoefenen, wat denk je dan dat er met je lichaam gebeurt als je dat aan voortdurende stress blootstelt?

Kunnen kiezen is beter dan geen keus hebben

NLP bevordert keuzemogelijkheden voor het individu, omdat dat een gezonde manier van leven is. Maar soms kun je het gevoel hebben dat je geen keus hebt om van baan te veranderen, naar een ander land te verhuizen of een relatie af te breken waarin je niet gelukkig bent. Je zegt op zo'n moment: 'Ik heb geen keus' of 'Ik kan niet anders'.

Angst voor verandering, gebrek aan vertrouwen in je vermogens of onwetendheid over wat je sterke punten zijn, kunnen je ervan weerhouden om een zo broodnodige verandering door te voeren. NLP zegt: en als het nu eens anders zou zijn? En bedoelt daarmee je horizon te verbreden door je bewust te maken van alle hulpbronnen die je al hebt en die je nog kunt verwerven.

NLP helpt je de redenen voor gewenste verandering te verkennen, ook als je maar een heel klein beetje ontevreden bent. Verandering verloopt soms abrupt of supersnel, maar de mensen die de drempel zijn overgestapt op grond van de keuze die ze voor zichzelf hebben gemaakt, zijn veel tevredener en hebben controle over hun leven.

Succesvol gedrag modelleren leidt tot excellentie

NLP geeft je de gereedschappen om mensen te modelleren, over te nemen wat ze goed doen en dat te kopiëren. Je droom hoeft echter niet per se in te houden dat je wereldkampioen wilt worden. Het kan iets heel eenvoudigs zijn, zoals het modelleren van de vaardigheden van een collega die projecten altijd op tijd afrondt, of een vriendin die altijd de juiste opmerking op het juiste tijdstip weet te plaatsen. Je zou de desbetreffende persoon vragen kunnen stellen om erachter te komen wat haar inspireert, hoe zij weet dat de tijd rijp is om te doen wat zij doet, en hoe zij zich op haar doel blijft concentreren.

Iemands succes modelleren is een uitstekende manier om potentiële gevoelens van jaloezie om te toveren in een constructief proces en een soortgelijk succes zelf te ervaren.

Ervaar het zelf

Test de vooronderstellingen zelf door je te gedragen alsof de generalisaties waar zijn. Breng vooronderstellingen die je erg nuttig vindt in de praktijk totdat ze een tweede natuur van je worden. Maak bij het uitproberen van de NLP-vooronderstellingen een lijstje, kies elke dag een vooronderstelling en leef er die dag naar. Plotseling kun je tot de ontdekking komen dat je de vooronderstellingen waarmaakt en dat het leven gemakkelijker is!

Hoofdstuk 2

Drukken op de communicatieknoppen

In dit hoofdstuk:

- Kennismaken met het NLP-communicatiemodel
- Effectief communiceren
- De verbazende kracht van je zintuigen

Als ik je zou vragen voor welk gedeelte van de communicatie je verantwoordelijk bent wanneer je met iemand praat, antwoord je dan: voor 50 procent? Per slot van rekening zijn er 2 mensen bij dat gesprek betrokken, dus ligt het voor de hand dat elk van jullie voor de helft verantwoordelijk is voor de reacties en het uitlokken van reacties tijdens de communicatie, nietwaar?

Maar als je vertrouwd bent met de volgende NLP-vooronderstellingen, antwoord je: voor de volle 100 procent.

- De betekenis van de communicatie is de reactie die je krijgt.
- Als wat je doet niet werkt, doe dan wat anders.
- Degene met de meeste flexibiliteit in een systeem beïnvloedt het systeem.

Het NLP-communicatiemodel

Wanneer iemand zich op een bepaalde manier gedraagt (ofwel *extern gedrag* vertoont aldus het NLP-communicatiemodel), ontlokt dat bij jou een kettingreactie (jouw *interne reactie*) waarop jij op een bepaalde manier reageert (en dat is jouw *externe gedrag*). Dit creëert weer een kettingreactie bij de ander (zijn/haar *interne reactie*) en zo gaat de cyclus verder.

De *interne reactie* bestaat uit een *intern proces* en een *interne ervaring*. Het interne proces bestaat uit praten tegen jezelf, beelden en geluiden, terwijl de interne ervaring wordt gevormd door de gevoelens die je hebt.

Inzicht in het communicatieproces

John Grinder en Richard Bandler ontdekten dat communicatie-experts mensen zijn die over drie vaardigheden beschikken:

- Ze weten wat ze willen.
- Ze letten scherp op de reacties die ze krijgen.
- Ze beschikken over de flexibiliteit om hun gedrag te veranderen totdat ze krijgen wat ze willen.

Ieder van ons verwerkt informatie weer op een andere manier en reageert dus op een verschillende manier op situaties. Zou het niet erg nuttig zijn om te begrijpen *wat* iemand bezielt? Lees verder, want je krijgt straks enkele aanwijzingen.

Stukjes informatie verwerken

Professor George Miller onderzocht hoeveel stukjes informatie mensen op een willekeurig moment in hun kortetermijngeheugen kunnen prenten. Hij kwam tot de slotsom dat mensen zeven plus of min twee stukjes informatie kunnen onthouden, dat wil zeggen, negen elementen als ze zich prettig voelen of in een onderwerp geïnteresseerd zijn, en slechts vijf stukjes als ze zich wat minder voelen of niet bijzonder gemotiveerd zijn om dingen te onthouden. Als je het onprettig vindt om meerdere dingen tegelijk te doen, is het zelfs mogelijk dat je met twee of meer gelijktijdige taken moeite hebt!

Je vijf zintuigen (zien, horen, tast, smaak en reuk) bombarderen je elke seconde met zo'n twee miljoen stukjes informatie. Als je deze enorme hoeveelheid gegevens zou moeten verwerken, zou je gek worden. Om je gezond te houden filter je de binnenkomende informatie alvorens je hersenen de informatie verwerken en er interne representaties van maken.

De processen waarmee je interne representaties maakt van de externe gebeurtenissen die je via je zintuigen waarneemt, zijn dus beïnvloed door je talrijke verschillende ervaringen en filters.

Drie fundamentele processen (weglating, vervorming en generalisatie) zijn betrokken bij de manier waarop de externe prikkels uit jouw wereld in interne representaties in jouw hersenen worden omgezet. In de volgende paragrafen zullen deze processen kort worden besproken.

Weglating

Van weglating is sprake wanneer je aandacht schenkt aan informatie die je zintuigen binnenkomt, maar tegelijkertijd volledig blind bent voor andere prikkels. Denk aan een verstrooide professor die zo in zijn werk is verdiept dat hij het huis op zijn pantoffels verlaat.

Vervorming

Van vervorming is sprake wanneer je informatie die via je zintuigen binnenkomt verkeerd interpreteert en een betekenis hecht aan een situatie die deze misschien niet heeft. Een voorbeeld daarvan is een vrouw die klaagt dat haar man 'haar niet hielp en dat dit betekent dat hij niets om haar geeft'. Of je ziet iets wat je wilt zien om je mening kracht bij te zetten in plaats van wat er voor je ogen gebeurt. Bij vervorming kan ook weglating van informatie een rol spelen.

Een cynicus zou kunnen zeggen dat verliefdheid een soort vervorming is: je ziet het leven door een roze bril en je bent volkomen blind voor de fouten van je 'volmaakte' partner. Misschien wil je zó graag je ware liefde vinden dat je gedragingen van je partner negeert die de relatie op lange termijn zouden kunnen ondermijnen.

Generalisatie

Je generaliseert wanneer je de conclusies die je op basis van een bepaalde ervaring hebt getrokken, ook op soortgelijke situaties of ervaringen toepast. Stel je voor dat je een praatje hield dat uitstekend werd ontvangen. Naderhand kun je gaan generaliseren dat je goed in het openbaar kunt spreken.

Generalisaties kunnen een goede zaak zijn, aangezien ze je een cognitieve plattegrond van de wereld helpen opbouwen. Als je niet zou generaliseren zou je steeds wanneer je een boek las, het alfabet opnieuw moeten leren en de afzonderlijke letters e+e+n als een eenheid moeten leren opvatten. Dankzij generalisaties kun je voortbouwen op wat je al weet zonder het wiel opnieuw te hoeven uitvinden.

Toch kunnen generalisaties beperkend werken. De opvattingen die je er over de wereld op na houdt zijn generalisaties, waarbij je naar hartenlust weglaat en vervormt om ze overeind te houden. Kortom, je generalisaties kunnen je gaan beperken omdat je minder snel acties en gebeurtenissen die niet met je vooringenomen ideeën stroken zult accepteren of vertrouwen.

Deze neiging kan op zijn beurt leiden tot een self-fulfilling prophecy. Vertrouwen en twijfel aan jezelf zijn twee zijden van dezelfde munt. Wanneer je je over iets zelfbewust voelt, is de kans groot dat je gewoonlijk succes hebt omdat je een positief resultaat verwacht. Zelfs in het zeldzame geval dat de dingen niet gaan zoals je wenst, ga je opgewekt verder. Als je echter wordt geplaagd door twijfel aan jezelf en ervan overtuigd bent dat iets toch wel niet zal lukken of dat niemand een praatje met je zal maken wanneer je naar een receptie gaat, is de kans levensgroot dat je verwachting zal uitkomen. Ben je een tikje teleurgesteld wanneer iemand of een situatie niet aan je slechtste verwachtingen voldoet? En voel je je een beetje triomfantelijk wanneer je volgens verwachting wordt teleurgesteld? Schenkt het meer voldoening wanneer je negatieve generalisatie wordt bevestigd dan wanneer een situatie beter verloopt dan je had verwacht? Dat is pas zelfondermijnend!

Dezelfde prikkel, verschillende reacties

Wanneer verschillende mensen aan dezelfde prikkels worden blootgesteld, herinneren ze zich de gebeurtenis niet op dezelfde manier en reageren ze er verschillend op. Dat komt omdat iedereen weer op zijn eigen wijze weglaat, generaliseert en vervormt, al naargelang zijn favoriete metaprogramma, waarden, overtuigingen, attitudes, herinneringen en beslissingen. In de volgende paragrafen worden deze aspecten besproken.

Metaprogramma's

Metaprogramma's (die in hoofdstuk 4 uitvoeriger worden besproken) zijn je meest onbewuste filters. Via je taalgebruik komen je metagedragspatronen aan het licht. Iemand die de neiging heeft om de leiding te nemen en aan de slag te gaan (ofwel een proactief persoon) kun je bijvoorbeeld horen zeggen: 'Ik wil geen excuses horen, maar resultaten zien.' Daarentegen zal iemand die graag de tijd neemt om over dingen na te denken (een reactief persoon) waarschijnlijk zeggen: 'Haast je niet, denk over alle factoren na en wees er zeker van dat de resultaten juist zijn.'

Wanneer metaprogramma's worden misbruikt en hand in hand gaan met een neiging om te generaliseren, heeft dat vaak tot gevolg dat mensen in vakjes worden gestopt. Bijvoorbeeld 'bedoel je Tom, die maffe introvert?' (vervorming) of 'ach, typisch een vertegenwoordiger, altijd maar doordrammen' (generalisatie). Het is echter belangrijk om te onthouden dat mensen hun gedragspatronen kunnen wijzigen al naargelang de omgeving en de situatie waarin ze zich bevinden.

Hier volgt een voorproefje van extraverte/introverte neigingen en hoe ze je filterproces beïnvloeden. Beide neigingen zijn elementaire metaprogramma's.

Tabel 2.1: Een vergelijking van introverte en extraverte metaprogramma's

Introverte mensen	*Extraverte mensen*
Willen alleen zijn om hun batterij op te laden.	Moeten mensen om zich heen hebben als ze ontspanning of rust nodig hebben.
Hebben een paar vrienden met wie ze een diepe band hebben.	Hebben veel vrienden met wie ze een meer oppervlakkige band hebben
Zullen zich een werkelijke of ingebeelde hatelijke opmerking aantrekken.	Zullen de hatelijke opmerking niet opmerken of aan een slechte dag van de ander wijten.
Zijn geïnteresseerd in een paar onderwerpen waarover ze veel weten.	Weten een heleboel dingen, maar niet zo diepgaand als een introvert.
Opereren vaker in hun eentje.	Zijn vooral gezelschapsdieren.

BELANGRIJK

Een introvert is niet beter dan een extravert en een extravert kan net zo goed zijn als een introvert.

Je kunt je metaprogramma's het beste voorstellen als een glijdende schaal met een neiging in de richting van een bepaald aspect op een bepaald moment en op een bepaalde plek. Op je werk, waar je zelfbewust bent en in je sas, gedraag je je bijvoorbeeld extravert. Op die manier pik je een grotere verscheidenheid van informatie op en heb je meer oog voor contacten en mogelijkheden die voor je werk waardevol zijn. Maar misschien voel je je uiterst ongemakkelijk bij collega's thuis en slaat de schaal op die momenten meer uit naar de introverte kant. Als gevolg daarvan zie je subtiele boodschappen over het hoofd (weglating) die je in je vertrouwde kantooromgeving moeiteloos zou hebben begrepen.

Extraverten kunnen behoorlijk op de zenuwen van hun introverte vrienden en collega's werken. Dus, extravert, neem een beetje gas terug wanneer je iemand ontmoet die wellicht niet zo responsief is als jij en dring je niet al te veel op!

Waarden

Waarden zijn eveneens onbewuste filters, hoewel in mindere mate dan metaprogramma's. Tot je zevende jaar leer je je waarden welhaast vanzelf van je ouders en nabije familie, en daarna van je leeftijdgenoten en vrienden. Waarden zijn de dingen die je motiveren om iets te doen, maar kunnen ook fungeren als een rem die je ervan weerhoudt je doelen te bereiken. Het zijn de factoren die voor jou belangrijk zijn en aan de hand waarvan jij bepaalt of het goed of slecht is wat je hebt gedaan. Ze beïnvloeden de manier waarop je aspecten van binnenkomende prikkels weglaat, vervormt of generaliseert.

Waarden zijn gerangschikt in een hiërarchie, waarbij de belangrijkste waarde de bovenste tree van de ladder vormt. Voorbeelden van waarden zijn gezondheid, rijkdom, geluk, eerlijkheid, vriendschap, bevredigend werk enzovoort.

Waarden hangen sterk met de context samen. Dit betekent dat sommige van jouw waarden alleen voor bepaalde levensgebieden zullen gelden en dat hun belangrijkheid ook verandert al naargelang het levensaspect dat je bekijkt.

Om uit te werken welke waarden belangrijk voor je zijn op een bepaald gebied in je leven, moet je even tijd nemen, uit de tredmolen van het leven stappen en nadenken! Ga als volgt te werk:

1. Kies een aspect van je leven waarin je niet zo succesvol bent als je wel zou willen.

2. Maak een lijst van wat voor jou in deze context belangrijk is.

3. Bekijk de lijst en denk nog eens na. Moet er nog iets worden toegevoegd dat ook belangrijk is en wellicht nog op deze lijst ontbreekt?

4. Rangschik de lijst in volgorde van belangrijkheid.

5. Kun je bij elke waarde aangeven hoe je wellicht een weglating, vervorming of generalisatie maakt die je ervan weerhoudt een wens in vervulling te laten gaan?

   Dit is de honderdduizendeuro-vraag!

6. Noteer ook of er op de achtergrond beperkende beslissingen meespelen die een invloed op je waarden hebben.

Overtuigingen

Overtuigingen zijn echt om bang van te worden. Ze kunnen je namelijk opstuwen naar succes, maar je ook in de afgrond van de mislukking laten storten. In de woorden van Henry Ford: 'Of je nu gelooft dat je het kunt of dat je het niet kunt... in beide gevallen heb je gelijk.'

Je overtuigingen worden op allerlei onbewuste manieren gevormd. Van je ouders leer je dat je begaafd bent, van je docenten leer je dat je niet kunt tekenen en van je leeftijdgenoten leer je dat je je vrienden moet steunen. In sommige gevallen, zoals bij de docent die zegt dat je niet kunt tekenen, schrap je alle kansen die je wellicht hebt gehad om te leren tekenen. Per slot van rekening heeft slechts één docent tegen je gezegd dat je er niets van kon.

Overtuigingen kunnen beginnen als een 'splinter in je hoofd'. Die splinter gaat vervolgens irriteren, je begint momenten te ontwaren waarop je de splinter evalueert en in de loop van de tijd ontwikkel je een concrete overtuiging.

Kies je overtuigingen zorgvuldig, want ze hebben de neiging tot self-fulfilling prophecies uit te groeien!

Attitudes

Je attitude is je manier van denken over een onderwerp of een groep mensen. Je attitude deelt anderen mee hoe je je over iets of iemand voelt. Het is een filter waarvan je je uiterst bewust bent en het bestaat uit een verzameling waarden, overtuigingen en meningen ten aanzien van een bepaald onderwerp. Een attitude veranderen is veel moeilijker omdat jouw bewuste actief betrokken is bij het bouwen en handhaven van een attitude.

Uit wat anderen zeggen en hoe ze zich gedragen kun je hun attitudes tot op zekere hoogte afleiden. Op het werk wordt degene die tot extra inspanning bereid is en een positieve instelling heeft beschouwd als iemand die een goede attitude ten opzichte van zijn werk heeft. Aan een lijntrekker wordt daarentegen een slechte werkattitude toegedicht.

Omdat een attitude op je waarden en overtuigingen gebaseerd is, heeft een zij invloed op je capaciteiten, omdat je je op een bepaalde manier gaat gedragen. Mensen met een positieve attitude zullen vaak een positief resultaat verwachten. Door hun plezierige en hulpvaardige houding inspireren ze anderen om zich op soortgelijke wijze te gedragen.

Herinneringen

Je herinneringen bepalen wat je van iets verwacht, hoe je je gedraagt en hoe je met andere mensen communiceert. Herinneringen uit je verleden kunnen je heden en je toekomst beïnvloeden. Er doemt een probleem op wanneer je herinneringen niet in de volgorde blijven staan waarin je ze vastlegde. Wanneer herinneringen door elkaar worden geschud, brengen ze alle emoties naar boven van het moment waarop ze zich daadwerkelijk afspeelden. Hiermee bedoelen we dat je huidige ervaringen oude herinneringen wakker roepen en dat je op herinneringen en emoties uit het verleden reageert in plaats van op de ervaring die je momenteel hebt.

Beslissingen

Je beslissingen zijn nauw met je herinneringen verweven en beïnvloeden alle terreinen van je leven. Dit is vooral belangrijk als het aankomt op beslissingen die de keuzemogelijkheden die je in je leven denkt te hebben, daadwerkelijk beperken. NLP noemt die beslissingen *beperkende beslissingen*. Voorbeelden hiervan zijn: 'Ik kan niet spellen', 'Geld is de wortel van alle kwaad, dus om goed te zijn mag ik niet rijk zijn' en 'Als ik op dieet ga, zal ik niet van mijn eten kunnen genieten'.

Veel van je beperkende beslissingen zul je onbewust hebben genomen, sommige zelfs toen je erg jong was, zodat je ze allang bent vergeten. Naarmate je opgroeit en je jezelf ontwikkelt, kunnen je waarden veranderen en moet je de beslissingen die je hinderen herkennen en kritisch bekijken.

Effectief proberen te communiceren

Zoals de voorafgaande paragrafen laten zien, verlopen je denkprocessen en je gedragingen grotendeels onbewust. Je reacties worden gevormd en beïnvloed door je waarden, overtuigingen, herinneringen enzovoort. Gelukkig hoef je niet aan de genade van je onbewuste overgeleverd te zijn.

TIP

Met je bewuste kun je daadwerkelijk regelen hoe je met mensen communiceert. Dat is nog eens een bevrijdende en verkwikkende gedachte! Houd gewoon de volgende dingen in gedachten:

- **Laat je hersenen werken voordat je je mond opendoet.** Bedenk welk resultaat je wenst voordat je met mensen interacteert; praat en gedraag je vervolgens met dat resultaat in gedachten.
- **Gedraag je op een milde manier.** Deze kennis geeft je macht en zoals je weet kan macht corruptie in de hand werken. Aan de andere kant kan macht je ook van angst verlossen. Het stelt je in staat om milder en vriendelijker te werken, zodat je, gewapend met de kennis van het model van de wereld van andere mensen, een win-winresultaat kunt verwezenlijken.

Vat krijgen op je zintuigen

In hoofdstuk 1 heb je kennisgemaakt met de vier hoofdpijlers van NLP. Een van die pijlers is wat door NLP *zintuiglijk bewustzijn* wordt genoemd. Dit betreft de manier waarop we de wereld zin geven en via de zintuigen onze eigen werkelijkheid scheppen.

Stel je nu eens een bijzonder schepsel met hoogontwikkelde persoonlijke antennes voor. In feite ben jij dat. Als kersvers mensenkind met goed ontwikkelde zintuigen buitel jij de wereld binnen, in het bezit van alles wat je nodig hebt om de geheimen van het universum te ontdekken. Tenzij je met een of andere handicap bent geboren, ben je de volmaakte minileermachine met ogen, oren, een reuk-, smaak- en tastorgaan, plus die uniek menselijke kwaliteit: de mogelijkheid om een emotionele band met anderen te ervaren.

Vanaf je vroege jeugd vorm je mentale kaarten van de wereld en begin je je tijdens je jeugd op bepaalde manieren te gedragen en te denken. Je ontdekt hoe je dingen leert op een manier die het geschiktst voor je is, en wel door te kijken, aan te raken, te proeven, te ruiken en woorden te horen.

NLP stimuleert je om nieuwsgierig te worden naar de manier waarop je die mentale kaarten vormt. Als je weet hoe je je zintuigen gebruikt om je ervaringen op te slaan, ben je in staat om op te merken hoe waarnemingen worden gevormd en kun je beter met andere mensen communiceren.

Ken je de Engelse uitdrukking 'Use it or lose it'? (Je hanteert 't of je verleert 't.) In de loop van je levenservaringen word je geconditioneerd, waardoor je een beetje luier gaat leren. Zodra je tot de ontdekking komt dat je in een bepaalde manier van denken heel goed bent, blijf je die methode voortaan gebruiken. Stel dat je als kind tekent, zingt of danst; je vindt dat schitterend en krijgt geregeld lof van een leraar. Dan is het duidelijk dat je je aandacht hoogstwaarschijnlijk meer zult concentreren op dat succesvolle gebied waarin je een belofte bent, met verwaarlozing van pogingen op andere gebieden.

Hetzelfde kan gebeuren met je zintuiglijk bewustzijn. Je bent bijvoorbeeld erg goed in een bepaalde manier van denken en informatie verwerken en delen met anderen, dus laat je de andere zintuigen verkommeren. Je gebruikt je andere zintuigen uiteraard ook, maar je bent je er niet met volle aandacht van bewust.

Het NLP-model beschrijft de manier waarop je de externe wereld (ofwel de realiteit) ervaart via je vijf zintuigen (ofwel modaliteiten): zien, horen, tast, reuk en smaak.

Tot nu toe heb je je misschien nooit beziggehouden met *hoe* je denkt (het proces), alleen *waarover* je denkt (de inhoud). De kwaliteit van je denken is echter bepalend voor de kwaliteit van je ervaring. Dus is het *hoe* net zo belangrijk, zo niet belangrijker, dan het *wat.*

De werkelijkheid filteren

Wanneer je de werkelijkheid ervaart, filter je selectief informatie uit je omgeving. Je doet dat in grote lijnen op drie verschillende manieren die in NLP visueel, auditief en kinesthetisch (kortweg VAK) worden genoemd (ook wel VAKOG als je reuk en smaak meerekent).

- **Visuele dimensie.** Sommige mensen zien meer *beelden* en *plaatjes.*
- **Auditieve dimensie.** Andere mensen horen meer *geluiden.*
- **Kinesthetische dimensie.** Een derde groep is meer ontvankelijk voor *emotionele* aspecten of tastindrukken; ze ervaren een bewustzijn van hun lichaam. Tot deze groep rekenen we in dit boek ook de smaak (gustatorisch) en de reuk (olfactorisch).

In het dagelijks leven maak je spontaan van al je VAK-zintuigen gebruik. Vaak is echter één bepaald zintuig in alle contexten dominant. Als je voor de drie categorieën (visueel, auditief en kinesthetisch) gevoeliger wordt, zal dit je geen windeieren leggen.

Als je van VAK op de hoogte bent, moet je in een leeromgeving maar eens experimenteren met verschillende manieren om informatie tot je te nemen. Misschien heb je in het verleden een taal geleerd door bandjes in je auto af te spelen. Maar misschien kom je veel sneller vooruit als je in plaats daarvan naar films in een vreemde taal kijkt (liefst zonder ondertiteling) of door te sporten, te eten of te dansen met mensen die de doeltaal spreken. Zodra mensen hun vermogen leren ontwikkelen om plaatjes, woorden en gevoelens in te schakelen, ontdekken ze vaak talenten waarvan ze zich niet bewust waren.

Een *vindingrijke toestand* is een toestand waarin je open bent, begerig om te leren en in staat om alle benodigde bronnen te gebruiken om elk probleem dat je pad kruist op te lossen. Die bronnen kunnen intern zijn, bijvoorbeeld je natuurlijke wens om te leren, of extern, bijvoorbeeld andere mensen of technische hulpmiddelen. In een vindingrijke toestand heb je het gevoel dat je actief iets veroorzaakt en keuzemogelijkheden hebt, in plaats van te reageren op iets waar je geen macht over hebt omdat het leven iets is wat je wordt aangedaan.

NLP gebruikt de term *representatiesystemen* (of *modaliteiten*) voor de diverse kanalen via welke we informatie met behulp van onze zintuigen intern representeren of coderen. Doorgewinterde NLP'ers spreken ook wel van rep-systemen, VAK-voorkeuren of geprefereerde denkstijlen. De belangrijkste representatiesystemen zijn visueel, auditief en kinesthetisch. De *submodaliteiten* zijn de kenmerken van elk representatiesysteem, zoals kleur en helderheid (visueel), toonhoogte en klank (auditief), druk en temperatuur (kinesthetisch).

De feitelijke zintuigspecifieke woorden (zoals 'beeld', 'woord', 'gevoel', 'geur' of 'smaak') die we gebruiken (ongeacht of het zelfstandige naamwoorden, werkwoorden of adjectieven zijn) worden *predikaten* genoemd.

Horen hoe mensen denken

Als mens maken we weliswaar spontaan een rijke mix van de drie VAK-dimensies, maar toch hebben we vaak een voorkeur voor één modaliteit boven de andere.

Jouw alledaagse woordkeus levert aanwijzingen op voor het representatiesysteem dat door jou in de loop van je leven wordt ontwikkeld en dat door jou wordt geprefereerd. Om je communicatieve vaardigheden te vergroten luister je naar de soorten woorden die mensen gebruiken en vraag je jezelf af of deze woorden visueel, auditief, kinesthetisch of neutraal (niet op een bepaald zintuig betrekking hebbend) zijn. Dat levert slimme aanwijzingen op over wat er zich in hoofden afspeelt, namelijk of ze meer op beelden, woorden of gevoelens reageren. Vervolgens kun je nagaan welk soort taalgebruik je de beste reactie van een bepaalde persoon oplevert.

Naar schatting is visueel de dominante stijl bij ongeveer 60 procent van de mensen in de Verenigde Staten en West-Europa. Gezien het bombardement op onze visuele zintuigen is dat nauwelijks verrassend te noemen.

BELANGRIJK

Pas op dat je mensen niet te snel in het vakje visueel, auditief of kinesthetisch stopt, want dat zou een grove generalisatie zijn. Beschouw de dominantie als een voorkeur of een gedrag, niet als een identiteit. Weet ook dat geen systeem beter of slechter is dan een ander. (Je werkt nu eenmaal in de diverse modi, ook als dit onbewust gebeurt.) Het is gewoon een andere manier om informatie tot je te nemen en op te slaan wanneer je de wereld om je heen ervaart. Per slot van rekening is iedereen uniek.

Rapport opbouwen via woorden

Tijdens onze oefensessies proberen we de representatiesysteemmethode vaak uit. We merken dan hoe gemakkelijk het is om snel rapport op te bouwen in een groep mensen met dezelfde voorkeuren. Ze vinden het doodgemakkelijk om te praten met degenen die 'hun taal spreken'.

Maar wat doe je als je het gevoel hebt dat je een 'andere' taal spreekt en een gesprek lastiger is? Begin met zorgvuldiger te luisteren en de taalvoorkeuren van andere mensen op te sporen. Daarna kun je je eigen taalpatronen zodanig aanpassen dat deze met het taalgebruik van de ander overeenkomen, zodat je via de gelijkvormigheid van jullie taalpatroon rapport kunt opbouwen.

Tabel 2.2: VAK-woorden en uitdrukkingen

Visueel	*Auditief*	*Kinesthetisch*
Helder, leeg, duidelijk, kleur, vaag, scherp, illustreren, inzicht, briljant, perspectief, visie	Argumenteren, vragen, doof, discussiëren, luid, harmonie, melodie, resoneren, zeggen, vertellen	Koud, aanraken, gewicht, pakkend, stuiteren, opwindend, voelen, stevig, vloeiend, aangrijpend, beweging, solide
Het lijkt erop dat ...	Het klinkt als ...	Het voelt alsof ...
Een glimp van de werkelijkheid	Dat zeg jij	Laat je omvormen
We beogen daarmee	Iemand lippendienst bewijzen	Iemand bewegen om
Dit is een nieuwe kijk op de wereld	Wie geeft de toon aan?	Dit trof doel
Kijk eens hier	Dat klink als een klok	Ik heb het gevoel dat
Dat oogt niet	Afstemmen	Daarvan heb ik mijn buik vol
Tunnelvisie	We zitten op dezelfde golflengte	Stevig als een rots

Tabel 2.2 geeft een overzicht van enkele zintuigspecifieke woorden en uitdrukkingen (in een eerdere paragraaf VAK-predikaten genoemd) die je andere mensen kunt horen gebruiken. Je kunt beginnen met het samenstellen van je eigen lijstjes en noteren welke woorden je vaak zegt of schrijft. Als je het moei-

lijk vindt om tot sommige mensen door te dringen, ga dan na of dat aan je eigen, vastgeroeste woordkeus kan liggen.

Wanneer de gedachten en woorden van mensen strikt logisch en conceptueel zijn en geen zintuiglijke termen bevatten, wordt dit door NLP *digitaal verwerken* genoemd.

Roep de vertalers erbij

Soms hebben mensen moeite met communiceren omdat hun woordkeus verschilt, zelfs als ze globaal dezelfde mening hebben. De een hanteert bijvoorbeeld een auditieve stijl, terwijl de ander een visuele of kinesthetische stijl bezigt. Om een effectief communicator te worden zijn twee dingen vereist: je moet weten welke stijl of welk representatiesysteem jij bij voorkeur gebruikt, en je moet andere stijlen leren beheersen.

NLP is van mening dat alle mensen over het vermogen beschikken om hun zintuiglijke representatiesystemen te ontwikkelen door zich simpelweg om te draaien of hun mobiele telefoon uit te zetten om te zien wat er om hen heen gebeurt.

Hou de ogen in het oog

Lichaamstaal levert goede aanwijzingen op over het representatiesysteem dat door de betrokkene wordt geprefereerd. Onze manier van ademhalen, onze houding, ons lichaamstype, de klank van onze stem en ons spreektempo variëren naarmate onze stijl visueel, auditief of kinesthetisch is. In de begintijd van NLP stelden Bandler en Grinder vast dat de oogbewegingen van mensen systematisch in bepaalde richtingen verliepen al naargelang welk representatiesysteem ze raadpleegden. Deze oogbewegingen noemden ze *toegangssignalen*.

Dit betekent dat je gemakkelijk kunt raden of mensen met beelden, geluiden of gevoelens werken wanneer ze als reactie op een vraag oogbewegingen maken. ‘Wat heb ik daar aan?’

vraag je je misschien af. Nou, op die manier kom je er hoogstwaarschijnlijk achter, zelfs zonder dat ze een woord zeggen, van welk systeem ze gebruikmaken en hoe je met ze praten kunt op zo'n manier dat ze positief op je reageren. Tabel 2.3 geeft een overzicht van oogbewegingen en de bijbehorende representatiesystemen.

Tabel 2.3: Toegangssignalen

Patroon	*Je ogen bewegen naar*	*Wat er in je gebeurt*	*Voorbeeld van taalgebruik*
Visueel geconstrueerd	Rechtsboven	Nieuwe of andere beelden zien	Denk aan een olifant die door roze suikerglazuur wordt bedekt
Visueel herinnerd	Linksboven	Bekende beelden zien	Denk aan het gezicht van je partner
Visueel	Rechtuit staren	Nieuwe of oude beelden zien	Even kijken wat belangrijk is
Auditief geconstrueerd	Rechts van het midden	Nieuwe of andere geluiden horen	Luisteren naar de klank van je naam in achterwaartse richting
Auditief herinnerd	Links van het midden	Al eerder gehoorde geluiden herinneren	Hoor je huisbel overgaan
Auditief spreken in zichzelf	Linksonder	In zichzelf praten	Vraag jezelf af wat je wilt
Kinesthetisch	Rechtsonder	Gevoelens, emoties, tastgevoel	Voel je de temperatuur van je tenen?

Door je zintuiglijke bewustzijn te ontwikkelen en op details te richten kun je je sterker bewust worden van wat mensen op verschillende momenten denken. Zodra je dit weet, kun je je woorden zodanig aanpassen dat ze beter naar je luisteren.

Hoofdstuk 3

Rapport opbouwen

In dit hoofdstuk:

- Omgaan met lastige mensen
- Het aantal keuzemogelijkheden vergroten om te reageren
- Inzicht krijgen in hoe de ander het ervaart

Rapport vormt het hart van NLP. Het is de hoofdpilaar oftewel het essentiële ingrediënt voor een geslaagde communicatie tussen twee mensen of groepen mensen. Rapport is te allen tijde een wederzijds respectvolle manier om met anderen om te gaan en een manier om zaken te doen. Je hoeft mensen niet aardig te vinden om rapport met ze te kunnen opbouwen. Rapport is niet een techniek die je naar willekeur in- of uitschakelt, maar dient een voortdurende stroom tussen gesprekspartners te zijn.

Rapport is net als geld. Je beseft pas dat je een probleem hebt als je bijna zonder zit. Regel één van de communicatie luidt: creëer rapport alvorens te verwachten dat iemand naar je luistert.

Maak jezelf niet wijs dat je rapport ogenblikkelijk uit je mouw kunt schudden op een vergadering of een situatie waarin problemen moeten worden opgelost. Echt rapport is gebaseerd op een instinctief gevoel van vertrouwen en oprechtheid.

Weten waarom rapport belangrijk is

Het woord *rapport* is ontleend aan het Franse woord *rapporter* (terugbrengen). De omschrijving van dit begrip is: invoelende relatie of begrip. Het gaat dus om tweerichtingsverkeer. Je weet dat je zo'n relatie hebt gelegd als je een oprecht gevoel van vertrouwen en respect voor de ander ervaart, wanneer je gemakkelijk met de ander kunt spreken, ongeacht hoe deze van je verschilt, en wanneer je weet dat je luistert en dat er naar je wordt geluisterd.

Hoewel je het waarschijnlijk op prijs stelt om je tijd door te brengen met mensen die net zo zijn als jij, bestaat de wereld uit een wonderlijke mengeling van allerlei soorten mensen met speciale vaardigheden, meningen en achtergronden. Rapport is de sleutel tot succes en beïnvloeding, zowel in je privéleven als in de zakelijke sfeer. Rapport zorgt ervoor dat dingen veel gemakkelijker kunnen worden gedaan. Uiteindelijk bespaar je tijd, geld en energie.

Rapport herkennen

Je hebt geen toverpil nodig om rapport te leren. Het is iets dat je intuïtief aanleert, want anders zouden robots en buitenaardse wezens allang een voorsprong op ons hebben. Neem de volgende stappen om te begrijpen hoe je persoonlijk rapport opbouwt en wat er in verschillende relaties belangrijk voor je is:

1. Denk om te beginnen aan iemand met wie je rapport hebt.

   Welke signalen zend je naar die persoon uit en welke signalen ontvang je terug, zodat je weet dat je op dezelfde golflengte zit? Hoe maak je dat rapport en hoe handhaaf je het?

2. Denk aan iemand met wie je geen rapport hebt, maar wel graag zou willen hebben.

Welke signalen zend je uit en welke signalen ontvang je terug, zodat je weet dat je niet op dezelfde golflengte zit? Welke obstakels staan in de weg om rapport te kunnen maken en te handhaven?

3. Denk na over je ervaring met de eerste persoon.

   Wat zou je op grond van je ervaring met de eerste persoon qua gedrag tegenover de tweede persoon anders kunnen doen om een sterkere relatie tot stand te brengen?

Misschien ben je geneigd te denken dat de eerstgenoemde persoon (degene met wie je al rapport hebt) iemand is met wie mensen gemakkelijk contact maken en dat de als tweede genoemde persoon (met wie je in het geheel geen rapport hebt) gewoon een moeilijk mens is. Toch zul je merken dat je via een paar eenvoudige handelingen rapport met de tweede persoon kunt opbouwen als je flexibeler bent in je gedrag en je gedachten over die persoon.

Je dient voldoende tijd te nemen om mensen te leren kennen en erachter te komen wat belangrijk voor ze is, in plaats van dat je van ze verlangt dat ze zich aan jou en jouw levensstijl aanpassen. Dit hele hoofdstuk door geven we tips hoe je dat kunt doen.

Elementaire methoden om rapport op te bouwen

Een relatie hebben die op rapport is gebaseerd betekent dat je, wanneer er lastige kwesties moeten worden aangekaart, gemakkelijker oplossingen kunt vinden en daarna weer gewoon verder kunt gaan. Gelukkig kun je leren hoe je rapport opbouwt.

Rapport komt op veel niveaus voor. Je kunt te allen tijde rapport opbouwen via:

- de plekken en de mensen waarmee je tijd doorbrengt;
- de manier waarop je eruitziet, klinkt en handelt;
- de vaardigheden die je hebt aangeleerd;
- de waarden die je hanteert;
- je overtuigingen;
- je doel in het leven;
- jezelf te zijn.

Acht snelle manieren om je rapport aan te scherpen

TIP

Probeer als beginneling een paar directe manieren om rapport op te bouwen (verderop in dit hoofdstuk leer je meer gevorderde rapportopbouwmethoden kennen):

- Probeer oprecht te weten te komen wat voor de ander belangrijk is. Begin met anderen te begrijpen in plaats van te verwachten dat ze eerst jou begrijpen.
- Luister naar de sleutelwoorden, favoriete uitdrukkingen en de manier van spreken die de ander hanteert en bouw deze subtiel in je eigen conversatie in.
- Ga na hoe iemand bij voorkeur met informatie omgaat. Is hij dol op details of wil hij alleen een totaalbeeld? Pas bij het spreken de hoeveelheid informatie aan die je overbrengt.

- Ga aan de hand van visuele, auditieve en kinesthetische woorden na welke representatiesystemen de ander gebruikt en gebruik soortgelijke woorden tijdens jullie gesprekken.
- Adem in hetzelfde tempo als je gesprekspartner. Je kunt dat op een discrete manier doen door naar de hals en de borst te kijken om te zien wanneer de ander inademt en uitademt. Vervolgens pas je je eigen ademhaling aan.
- Zoek naar de intentie van de ander (de achterliggende bedoeling) en let niet zozeer op wat de persoon doet of zegt. Misschien snapt hij niet alles, maar ga ervan uit dat hij zijn hart op de juiste plaats heeft.
- Pas eveneens je lichaamstaal, gebaren, klank van je stem en je spreeksnelheid aan.
- Respecteer de tijd, de energie, de favoriete partners en het geld van de ander. Dit zijn belangrijke hulpbronnen voor jou.

In de volgende paragrafen worden enkele meer gevorderde rapportopbouwende technieken besproken.

Het communicatiewiel en het opbouwen van rapport

In een klassiek onderzoek van professor Mehrabian van de Universiteit van Californië in Los Angeles stonden de ontvangst en de reacties op live communicatie centraal. Mehrabians bevinding was dat de impact van de communicatie afhankelijk was van drie factoren: hoe je eruitziet, hoe je klinkt en wat je zegt. Hij kon deze factoren uitdrukken in percentages die in het communicatiewiel van figuur 3.1 grafisch zijn weergegeven: 55 procent lichaamstaal, 38 procent stemgeluid en 7 procent feitelijk gebruikte woorden.

Hoewel de meningen over de daadwerkelijke percentages uiteenlopen, zijn de meeste onderzoekers het er wel over eens dat boodschappen niet alleen via woorden worden overgebracht, maar dat de klank van je stem en je lichaamstaal sterke invloed hebben. Als je mensen ooit hebt horen zeggen dat 'alles goed met ze was' terwijl het overduidelijk was dat ze niet lekker in hun vel zaten, dan weet je dat de invloed van wat je van de ander ziet je meer beïnvloedt dan de woorden die tegen je worden gezegd.

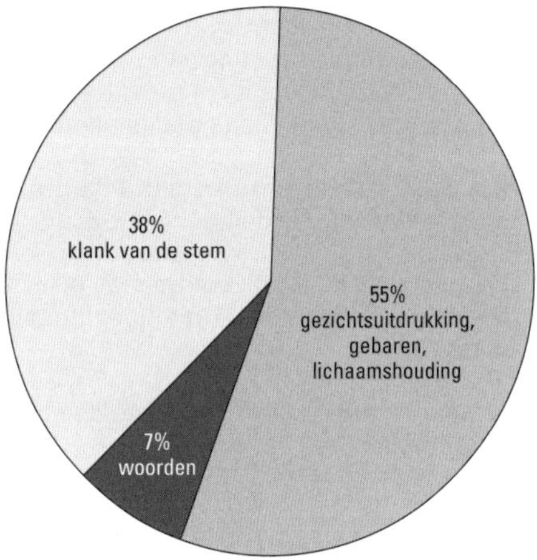

Figuur 3.1: De impact van jouw communicatie

Het is duidelijk dat eerste indrukken belangrijk zijn. Arriveer je hijgend en zwetend of kalm en fris op vergaderingen en afspraken? Wanneer je begint te praten, mompel je dan woorden in de richting van de vloer of kijk je het publiek rechtstreeks en met vertrouwen aan voordat je luid en duidelijk begint te praten?

Voor zover het rapport opbouwen betreft, ben *jij* de boodschap. Dus moeten alle onderdelen van jou harmonieus met elkaar samenwerken: woorden, beelden en geluiden. Als je niet het vertrouwen uitstraalt dat je in je boodschap gelooft, zullen anderen niet luisteren naar wat je zegt.

Voor rapport moet je oog in oog met anderen kunnen staan om met hun golflengte contact te maken. Het overgrote deel van hoe jouw oprechtheid op andere mensen overkomt, wordt namelijk niet geproduceerd door wat je zegt, maar door hoe je het zegt en hoe je je waardering voor de gedachten en gevoelens van de ander laat blijken.

Wanneer je met mensen rapport hebt, kun je het oneens zijn met wat ze zeggen en toch een respectvolle relatie met ze blijven houden. Belangrijk om te onthouden is dat je erkent dat mensen unieke individuen zijn. Je mag bijvoorbeeld best een andere politieke of godsdienstige overtuiging hebben dan je collega of klant, maar dat is nog geen reden om laatdunkende opmerkingen over een andere overtuiging te maken. Verder is het zo dat smaken verschillen, dus mag je het gerust met je familieleden oneens zijn over wat de mooiste muziek of het lekkerste eten is.

Matchen en spiegelen

Heb je wel eens opgemerkt hoe mensen eruitzien als ze rapport met elkaar hebben? Zonder de details van hun gesprek te kunnen horen, kun je zien dat het op een dans lijkt. Er spreekt een gevoel van eenheid uit hun lichaamstaal en de manier waarop ze met elkaar praten, want hun bewegingen en hun manier van gesprek voeren sluiten perfect op elkaar aan. NLP noemt dit matchen en spiegelen.

Van *matchen en spiegelen* is sprake wanneer je je aan de gedragsstijl, de vaardigheden, waarden of overtuigingen van andere mensen aanpast om rapport met ze tot stand te brengen.

Denk bij wijze van contrast aan een moment waarop je onvrijwillig getuige bent geweest van een ruzie. Zelfs met het geluid uitgeschakeld voel je al snel hoe het is als mensen op geen enkele manier met elkaar gesynchroniseerd zijn. Je kunt dat gewoon afleiden uit hun lichaamshouding en gebaren. NLP noemt dit *mismatchen*.

Matchen en spiegelen zijn manieren om je nauwkeurig af te stemmen op hoe iemand anders denkt en de wereld ervaart. Het is een manier om met je hele lijf te luisteren. Wanneer je rapport hebt, gaat spiegelen eenvoudig vanzelf.

Wat NLP zegt, is dat je ook welbewust iemand kunt matchen en spiegelen om rapport te bouwen totdat dit vanzelf verloopt. Je doet dit door de volgende aspecten te matchen:

- lichaamshouding en gebaren;
- ademhalingstempo;
- bewegingen en energieniveau;
- stemgeluid (hoe je klinkt) en je spreeksnelheid.

PAS OP!

Let op het subtiele verschil tussen iemand na-apen en hetzelfde ritme als de ander aanhouden. Mensen voelen instinctief aan of je onoprecht bent of ze in de maling neemt. Als je ervoor kiest om spiegelen zelf eens uit te proberen, doe het dan geleidelijk in situaties zonder risico of met vreemden die je daarna nooit meer ontmoet. Maar wees niet verrast als het werkt en de vreemden je vrienden worden!

Met succes afstemmen en leiden

Als je goede relaties wilt opbouwen moet je je op andere mensen afstemmen. Afstemmen op mensen wordt door NLP vergeleken met lopen naast een trein. Als je rechtstreeks in een rijdende trein probeert te springen, val je waarschijnlijk van de trein. Om op een rijdende trein te springen zul je naast de trein op snelheid moeten komen, totdat je ongeveer dezelfde snelheid hebt als de trein. Dan pas spring je erop.

Om mensen te leiden, ofwel ze door jouw kijk te beïnvloeden, moet je jezelf eerst op die mensen afstemmen. Dit houdt in dat je echt naar ze luistert, ze volkomen respecteert, hun achtergrond begrijpt en geduld met ze hebt.

Weten hoe en waarom je rapport verbreekt

Er zullen momenten zijn dat je ervoor kiest om je juist niet op mensen af te stemmen (*mismatchen* geheten). Met andere woorden, je wilt het rapport verbreken. Als je iemand mismatcht, streef je ernaar om iets heel anders te doen dan hij.

Hoe je rapport op een nette manier verbreekt

Door drie wijzigingen van je gedrag kun je rapport op korte termijn verbreken:

- **Door hoe je eruitziet en fysiek beweegt.** Je kunt fysiek van iemand weglopen, het oogcontact verbreken of een gezichtsuitdrukking gebruiken om je boodschap over te brengen. Gefronste wenkbrauwen zeggen al een heleboel. Iemand je rug toekeren is een nog duidelijker teken. Dus let erop dat je dit niet per ongeluk doet!
- **Door hoe je klinkt.** Verander de klank of het volume van je stem. Praat harder, zachter, hoger of lager. Vergeet daarbij de kracht van een stilte niet.
- **Door de woorden die je zegt.** Onthoud dit handige zinnetje: ‘nee, dank u’. Soms is dat erg moeilijk om te zeggen, dus oefen het voor later. In multiculturele situaties is overschakelen op je moedertaal wanneer je samen een andere taal hebt gebruikt, een andere heldere manier om te zeggen: ‘Ik heb nu behoefte aan een pauze.’

Het is een hele kunst om rapport te verbreken en een gesprek te beëindigen, vooral als je beste vriend of je moeder je wil bijkletsen. Doe het met consideratie. Geef duidelijke feedback dat je graag wilt praten, zolang dat zich maar beperkt tot het juiste tijdstip van de dag, de juiste plaats en de juiste duur. Je geeft om ze als persoon, dus probeer een tijdstip af te spreken dat jou het beste uitkomt, nadat het werk van die dag erop zit.

De kracht van het woordje 'maar'

Soms kan één enkel woordje een enorm verschil maken voor je vermogen om rapport te handhaven of het te verbreken. NLP heeft aandacht voor dit soort gespreksdetails en verstrekt derhalve diverse nuttige aanwijzingen die je in je communicatie van pas kunnen komen. Zo heeft onderzoek van vooraanstaande NLP-figuren zoals Robert Dilts aangetoond dat je via eenvoudige woorden zoals 'en' en 'maar' je aandacht op verschillende manieren gaat richten. In NLP wordt dit *verbaal reframen* genoemd. Wanneer je het woordje 'maar' gebruikt, zullen mensen zich herinneren wat je daarna zei. Bij het woordje 'en' herinneren mensen wat je *ervoor* én *erna* zei. Wanneer je 'ook al' gebruikt, is de invloed daarvan dat je je aandacht richt op wat vlak daarvoor werd gezegd. Door de volgorde van woorden binnen een zin te wijzigen kun je de ervaring van mensen veranderen.

Wees je ervan bewust dat mensen soms slechts een deel opnemen van wat je probeert te zeggen wanneer je een opmerking maakt.

Andere standpunten begrijpen

Succesvolle mensen beschikken over de flexibiliteit om de wereld op verschillende manieren te bekijken. Ze nemen diverse standpunten in, waardoor ze in staat zijn nieuwe ideeën uit te proberen. NLP biedt verscheidene technieken om mensen rapport te helpen opbouwen in lastige relaties, vooral in situaties waarin emotionele conflicten een grote rol spelen. Deze technieken worden ook gebruikt om nieuwe manieren te verkennen om rapport op te bouwen, zelfs in relaties die maar een beetje moeilijk of verwarrend zijn.

Perceptuele posities verkennen

Door onderscheid te maken tussen minstens drie verschillende gezichtspunten helpt NLP je eveneens rapport met anderen op te bouwen. NLP noemt deze drie gezichtspunten *perceptuele posities*. Het lijkt enigszins op het kijken naar een gebouw vanuit alle hoeken: staande voor de ingang, van de achterzijde gezien, en in de lucht vanuit een helikopter bekeken.

- **De eerste positie** is je eigen natuurlijke uitgangspunt, waarbij je je volledig bewust bent van wat je doet en voelt, ongeacht de mensen om je heen. Dit kan een krachtige positie zijn als je heel duidelijk weet wat je wilt en wat je eigen overtuigingen en waarden zijn. Het kan ook een ongelooflijk egocentrische positie zijn zolang je je niet bewust bent van wat andere mensen willen.

- **De tweede positie** komt erop neer dat je in andermans schoenen gaat staan. Je stelt je voor hoe een ander het ziet. Misschien ben je al een kei in het altijd rekening houden met de behoeften van anderen. Moeders ontwikkelen deze vaardigheid bij de zorg voor hun kroost. Je stelt het gezichtspunt van iemand anders voorop.

- **De derde positie** is een onafhankelijke positie, waarbij je als afstandelijke waarnemer nagaat wat er in de relatie plaatsvindt. Op zijn best is dit een volwassen standpunt waarbij je een situatie vanuit beide gezichtspunten kunt waarderen. Soms betekent dit echter dat je moeite hebt om volledig bij een situatie betrokken te raken; je blijft van een afstandje toekijken.

Als je alle drie de posities beheerst en toepast, zul je als wijs mens ten volle van het leven kunnen genieten.

Maak er een gewoonte van om met je denkproces in een gesprek naar de tweede en derde positie over te schakelen.

De NLP-metaspiegel

De metaspiegel is een oefening die in 1988 door Robert Dilts werd ontwikkeld om een aantal verschillende perspectieven of perceptuele posities bij elkaar te brengen. Het idee achter de metaspiegel is dat het probleem waarmee jij wordt geconfronteerd, meer een weerspiegeling is van jou en je relatie met jezelf en niet zozeer van de andere persoon. Het is een manier om een paar stappen terug te doen en een bestaand probleem in een ander licht te bekijken; vandaar het idee van de spiegel.

PROBEER DIT

De volgende oefening omvat vier perceptuele posities. Wellicht wil je deze oefening met een coach of een vriend uitvoeren. Deze helpt je dan om je op het proces te concentreren, zodat je je uitsluitend om het probleem hoeft te bekommeren.

Kies om te beginnen een relatie die je wilt verkennen. Reserveer vervolgens vier plekken op de vloer die de vier posities aangeven. Vellen papier zijn daarvoor prima. Let erop dat het van belang is dat je 'de ervaring verbreekt' door je fysiek te verplaatsen, dus leg de vellen niet al te dicht bij elkaar.

1. Ga op de *eerste positie* (jouw standpunt) staan en stel je voor dat je kijkt naar de andere persoon in de tweede positie.

   Vraag jezelf af: 'Wat ervaar ik, denk ik en voel ik wanneer ik naar deze persoon kijk?'

2. Schud dat nu van je af en ga op de *tweede positie* staan. Stel dat je de ander bent die naar jou kijkt terwijl jij je op de eerste positie bevindt.

   Vraag jezelf af: 'Wat ervaar ik, denk ik en voel ik wanneer ik naar deze persoon kijk?'

3. Schud dat weer van je af en ga staan op de *derde positie*, die overeenkomt met het standpunt van de onafhankelijke waarnemer die onpartijdig naar beide personen van deze relatie kijkt. Als je jezelf in de eerste positie bekijkt, hoe reageer je dan op die 'jij' daar?

4. Schud dat van je af en ga op de *vierde positie* staan (nog verder weg).

   Denk na over je gedachten in de derde positie, vergelijk die met je reacties in de eerste positie en wissel de standpunten om. Je voelde je bijvoorbeeld in de eerste positie verward, terwijl je je in de derde positie verdrietig voelde. Wat je reacties ook waren, wissel de posities in gedachten om.

5. Ga terug en bezoek de *tweede positie* nog eens.

   Vraag jezelf af: 'Wat is er nu anders? Wat is er veranderd?'

6. Sluit de oefening af door naar je thuisbasis (de *eerste positie*) terug te keren.

   Vraag jezelf af: 'Wat is er nu anders? Wat is er veranderd?'

BELANGRIJK

Blijf volhouden, ook als je deze oefening in het begin heel onwennig vindt. Wanneer je je fysiek naar een andere ruimte verplaatst, is het belangrijk om de verschillende gezichtspunten in aanmerking te nemen. Door letterlijk naar een andere plek in de ruimte te stappen ontgrendel je je denken over de vorige positie.

Je kunt deze oefening ook doen door op verschillende stoelen te gaan zitten.

In NLP-kringen wordt weerstand vaak opgevat als een gebrek aan rapport. Iemand verzet zich bijvoorbeeld tegen je poging om hem beter te leren kennen door afzijdig te gaan staan of jou niet in een gesprek te betrekken. Of je biedt weerstand tegen de poging om met iemand contact te leggen die volgens jou een heel ander mens is. Als je je in situaties bevindt waarin je niet altijd rapport hebt met mensen die nuttig voor je zouden kunnen zijn, probeer dan eens het volgende:

- Besef dat je onbewust weerstand biedt aan de mensen of de situatie waarin je jezelf bevindt, of dat iemand anders weerstand biedt aan jou.
- Ga na wat hiervan de reden kan zijn, waarbij je dient te beseffen dat je onbewuste van nature geneigd is je te beschermen.
- Verfijn je rapportopbouwvaardigheden door doelbewust te matchen, te spiegelen en je op de ander af te stemmen.

Het kan wat tijd kosten om je weerstand te overwinnen om rapport met iemand op te bouwen omdat je je verleden moet onderzoeken om je defensieve gedrag te begrijpen. Misschien heb je daarbij hulp nodig. Zodra je de oorzaak van je eigen weerstand hebt ontdekt, kun je jezelf toestemming geven om het rapport op te bouwen dat je wenst.

Hoofdstuk 4

Begrijpen, zodat ze jou begrijpen: metaprogramma's

In dit hoofdstuk:

- Kennismaken met metaprogramma's, je onbewuste mentale filters
- Metaprogramma's van anderen oproepen
- De persoonlijkheidstrekken modelleren van iemand die je bewondert

Onderzoek van George Miller in 1956 heeft uitgewezen dat er van de miljoenen stukjes gegevens die je zintuigen elke seconde bombarderen, op een willekeurig moment slechts tussen vijf en negen stukjes door je bewuste worden verwerkt. Dit betekent dat er een ongelooflijke hoeveelheid informatie wordt uitgefilterd.

Tot deze onbewuste filters behoren *metaprogramma's* die regelen aan welke dingen je aandacht schenkt. Ze bepalen voorts de manier waarop je ontvangen informatie verder verwerkt en hoe je de informatie daarna communiceert.

Als je snel met iemand rapport tot stand wilt brengen en je voorkennis hebt, kun je ervoor kiezen om je net als de betrokkene te kleden of te gedragen of in elk geval net als de betrokkene te spreken. En daarmee bedoelen we niet het nabootsen van iemands accent, maar dat je je vocabulaire aanpast. Zodra je de metaprogramma's van anderen begint te horen, kun je ervoor kiezen om dezelfde woorden en zinnen te kiezen als degene met wie je interacteert. Aangezien mensen metaprogramma's voor het overgrote deel onbewust gebruiken, heeft alles wat je zegt een extra dimensie. Door je aan de metaprogramma's van anderen aan te passen communiceer je zowel met de bewuste als de onbewuste geest van de ander.

Grondslagen van metaprogramma's

Als kind pik je de metaprogramma's op van je ouders, je onderwijzers en de cultuur waarin je opgroeit. Naarmate je ouder wordt kunnen deze aangeleerde programma's als gevolg van je levenservaringen veranderen. Als je bijvoorbeeld tijdens je jeugd vaak het verwijt krijgt dat je te gevoelsmatig bent, ga je wellicht afstandelijkheid praktiseren en leer je je gevoelens te onderdrukken.

In hoofdstuk 2 worden de introverte en extraverte metaprogramma's besproken. In dit hoofdstuk passeren de zeven metaprogramma's die volgens ons voor jou het bruikbaarst zijn om mee te beginnen de revue.

Houd de volgende dingen in gedachten wanneer je over metaprogramma's nadenkt:

- Metaprogramma's zijn geen óf-óf-keuze. Je voert altijd metaprogramma's uit, maar afhankelijk van de context waarin je je bevindt concentreer je je sterker op een aspect van bepaalde metaprogramma's.
- Metaprogramma's zijn geen manieren om mensen in vakjes te stoppen. Ze zijn nuttig om je inzicht in de verschillende manieren waarop mensen denken, te verdiepen om de communicatie met mensen te verbeteren.

- Juiste of verkeerde metaprogramma's bestaan niet. Het is gewoon zo dat je diverse combinaties van metaprogramma's uitvoert, afhankelijk van de context van de communicatie en de omgeving waarin je verkeert.

Een korte geschiedenis van metaprogramma's

Al sinds de oudheid probeert de mens metaprogramma's te begrijpen. Zo definieerde Hippocrates al in 400 vóór Christus vier 'temperamenten' op grond van zijn observaties van de lichaamssappen. Hij noemde deze temperamenten melancholisch, sanguine, cholerisch en flegmatisch. Goed, de classificatie van Hippocrates verouderde in de loop van de tijd, aangezien weer andere classificaties populair werden.

In 1921 publiceerde Carl Jung het boek *Psychologische Typen*. Jung definieerde drie paren categorieën waarbij het ene lid van het paar boven het andere lid de voorrang zou hebben.

- Een *extravert* ontleent zijn energie aan het contact met de externe wereld, terwijl een introvert zijn batterijen oplaadt door tijd voor zichzelf te nemen.
- Een *sensor* betrekt informatie via de vijf zintuigen, terwijl een intuïtor meer op zijn instincten en intuïtie vertrouwt om de informatie te vergaren.
- Een *denker* neemt beslissingen op logische gronden, terwijl een voeler op grond van zijn gevoel beslissingen neemt.

De persoonlijkheidstypen van Jung vormden de grondslag van de Myers-Briggs Type-indicator, een van de vaakst gebruikte profielgereedschappen die momenteel in omloop zijn. In het begin van de jaren veertig van de vorige eeuw voegden moeder (Katherine Briggs) en dochter (Isabel Briggs Myers) een vierde categorie toe. Een beoordelaar zal proberen om de omgeving aan zichzelf aan te passen, terwijl een waarnemer de wereld zal proberen te begrijpen en zich aan de wereld zal aanpassen.

George Bernard Shaw verwoordde dat mooi: 'Redelijke mensen zullen zich aan de wereld aanpassen, terwijl onredelijke mensen de wereld aan zichzelf zullen proberen aan te passen. Alle vooruitgang hangt derhalve van onredelijke mensen af.'

Metaprogramma's en gedrag

In de *Encyclopaedia of Systemic NLP and NLP New Coding* verklaren Robert Dilts en Judith DeLozier metaprogramma's in termen van twee mensen met dezelfde besluitvormingsstrategie die op basis van dezelfde informatie niettemin verschillende resultaten verkrijgen. Hoewel beide personen zich bijvoorbeeld in hun hoofd een beeld van de gegevens vormen, wordt de een door de hoeveelheid informatie geheel overdonderd, terwijl de ander een snelle beslissing neemt op grond van het gevoel dat het beeld oplevert. Het verschil is het gevolg van de verschillende metaprogramma's die door de personen worden uitgevoerd en die op hun besluitvormingsstrategie invloed hebben.

In de volgende paragrafen van dit hoofdstuk worden de gedragingen en de voorkeuren beschreven die bij de verschillende metaprogramma's horen. Als je in staat bent te herkennen welk metaprogramma iemand bij voorkeur in een bepaalde setting gebruikt, kun je jouw metaprogramma op zijn metaprogramma afstemmen om meer op hem te lijken, zodat er beter naar je boodschap wordt geluisterd. Door het model van de wereld van iemand anders te adopteren, krijg je bovendien wellicht als extra bonus een ander gezichtspunt dat je aan jouw bestaande keuzemogelijkheden kunt toevoegen.

Proactief/reactief

Als je meer geneigd bent om actie te ondernemen en dingen op gang te brengen, opereer je aan het *proactieve* uiteinde van de schaal. Wacht je echter liever af totdat de dingen gebeuren, dan ben je eerder *reactief*.

Je kunt proactieve of reactieve tendensen vertonen al naargelang de context waarin je aan het werk bent.

Aan hun lichaamstaal kun je het verschil tussen een proactieve en een reactieve persoon zien. Een proactieve persoon beweegt gewoonlijk sneller en vertoont al gauw tekenen van ongeduld. Deze mensen staan het liefst rechtop in een 'schouders naar achteren, borst vooruit'-houding, klaar om de wereld aan te pakken. Een reactieve persoon beweegt langzamer; hij houdt het hoofd gebogen en laat de schouders afhangen.

- Een proactief iemand gebruikt uitdrukkingen als 'Gewoon dóén', 'Neem de leiding', 'Niet wachten' of 'Smeed het ijzer als het heet is'.
- Uit de mond van een reactieve persoon zul je sneller de volgende uitdrukkingen horen: 'Denk er eens over na', 'Neem de tijd', 'Weeg het pro en contra tegen elkaar af' en 'Eerst denken, dan doen'.

Benaderen/vermijden

Mensen investeren tijd, moeite en middelen om dingen te benaderen die ze prettig vinden, en dingen te vermijden die ze onprettig vinden. Wat prettig of onprettig is, wordt bepaald door hun waarden waarmee ze beoordelen of een handeling goed of slecht is.

Als algemene regel ben je óf met benaderen óf met vermijden bezig. Volgens Sigmund Freud stuwt je id (dat je instinctieve driften vertegenwoordigt) je in de richting van een lustgevoel en weg van pijn.

Mensen met vermijdingspatronen lijken negatief in de ogen van mensen met benaderingspatronen.

De *vermijdingsmensen* zijn geneigd op te merken wat er fout zou kunnen gaan; ze zijn goede werknemers in fabrieken, vliegtuigen, crisissituaties en bij kritische analyse. Dit zijn de mensen die worden gemotiveerd door een 'stok achter de deur'.

Je kunt vermijdingsmensen motiveren door te dreigen met verlies van banen en de negatieve gevolgen van het niet halen van financiële doelen.

Mensen met *benaderingsmetaprogramma's* worden door vermijdingsmensen als naïef beschouwd, aangezien ze bij het nastreven van hun doelen niet altijd denken aan potentiële problemen en daar geen voorzorgen voor treffen.

Benaderingsmensen worden gemotiveerd door ze een 'worstje voor hun neus te hangen'. Beloof ze een bonus bij een grotere inspanning en je ziet hun ogen oplichten. Dit is niet per se omdat ze inhalig zijn, maar eerder omdat ze zich over de positieve voordelen verheugen.

- Mensen met een benaderingsmetaprogramma hoor je woorden gebruiken als 'verwezenlijken', 'behalen', 'verkrijgen', 'slagen' en 'kansen pakken'.
- Iemand die vanuit een vermijdingsmetaprogramma opereert, gebruikt daarentegen vaker woorden als 'vermijden', 'verwijderen', 'voorkomen', 'kwijt raken' en 'oplossing'.

Opties/procedures

Als je meer een *optie*-iemand bent, ben je dol op het uitproberen van nieuwe manieren om dingen te doen. Ben je meer een *procedure*-iemand, dan heb je voorkeur voor een vaste verzameling methoden.

Een *optie*-mens houdt van variatie. Een mogelijke analogie is een lekkerbek die een rijsttafel met een heleboel verschillende gerechten voorgeschoteld krijgt, waaruit hij of zij een keuze kan maken.

Als je voorkeur hebt voor een *optie*-metaprogramma, zul je goed zijn in het starten van projecten, hoewel je ze misschien niet altijd overziet. Je bent misschien best goed in het opstellen van nieuwe procedures, zolang jij maar niet degene bent die ze moet volgen! Vanwege je voorliefde voor het uitproberen van nieuwe manieren, kun je het niet laten om beproefde methoden toch te verbeteren of om manieren te vinden die de standaardregel van een vraagteken voorzien.

Als je een voorkeur voor procedures hebt, volg je graag een verzameling regels en procedures en geef je er wellicht de voorkeur aan om ze door iemand anders te laten opstellen in plaats van ze zelf te creëren.

- Mensen die hoofdzakelijk met een optie-metaprogramma werken, kun je dingen horen zeggen als 'improviseer', 'regels zijn er om overtreden te worden', 'mogelijkheden te over', 'ga ermee stoeien' en 'probeer dit eens op andere manieren'.

- Iemand die zich meer aan het procedure-uiteinde van de schaal bevindt, zal uitdrukkingen gebruiken als 'volg de stappen', 'gehoorzaam aan de regels', 'stap voor stap' en termen als 'ten eerste', 'ten tweede' en 'ten slotte'.

Intern/extern

Als je op je oordeel vertrouwt wanneer het erop aankomt beslissingen te nemen of te beoordelen of je iets goed hebt gedaan, opereer je aan het *interne* uiteinde van deze metaprogrammaschaal.

Als je feedback van anderen nodig hebt om te weten hoe goed je iets hebt gedaan, heb je waarschijnlijk meer een *externe* voorkeur.

Waar het in dit metaprogramma om draait is of de plek waar je jezelf motiveert, je handelingen beoordeelt en beslissingen neemt in jezelf of buiten jezelf (bij anderen) ligt.

Kinderen hebben een extern referentiekader wanneer ze de bewuste en onbewuste lessen van hun ouders en docenten tot zich nemen. Wanneer ze volwassen worden verschuift dit referentiekader gewoonlijk naar een meer intern criterium, naarmate ze meer inzicht in zichzelf krijgen en daarom meer vertrouwen in hun oordelen en beslissingen krijgen. Een soortgelijke verschuiving vindt plaats wanneer je iets leert. In het begin heb je wellicht grotendeels een extern referentiekader, waarbij je andere mensen nodig hebt die je vertellen hoe goed je het doet. Op grond van ervaring en kennis kan dit referentiekader vervolgens naar binnen toe verschuiven.

Jouw metaprogramma bevindt zich aan het interne uiteinde van de schaal als je, in een bepaalde context, de negatieve feedback in twijfel trekt die je van anderen krijgt, ook als verscheidene andere mensen min of meer hetzelfde tegen je hebben gezegd.

Je hoeft niet te worden geprezen als je een karwei goed hebt gedaan, omdat je al weet dat je het goed hebt gedaan. Je zult het als ondernemer goed doen, aangezien je niet hoeft te wachten op een ander die je vertelt wat je moet doen of hoe goed je het doet.

Als je een externe neiging hebt, zul je feedback van anderen moeten ontvangen om te weten hoe goed je het doet en jezelf te kunnen blijven motiveren.

- Wanneer je praat met een persoon die vanuit een *intern* referentiekader handelt, zul je beter met de betrokkene overweg kunnen als je uitdrukkingen gebruikt als 'Alleen jij kunt dat beoordelen', 'Het is helemaal aan jou' en 'Bestudeer de feiten en beslis dan gewoon'.

- Pratend met mensen die overwegend een *extern* referentiekader hanteren, krijg je een betere reactie door uitdrukkingen te gebruiken als 'Uit cijfers/onderzoek is gebleken', 'Ze zullen het op prijs stellen als...', 'De experts zeggen dat...' en 'Dit werd echt goed verkocht'.

Globaal/details

Sommige mensen vinden het gemakkelijker om de grote lijnen te zien wanneer ze aan een project beginnen te werken. Anderen hebben daarentegen moeite met een globaal perspectief en vinden het veel gemakkelijker om zich de stappen voor te stellen die nodig zijn om hun doelen te bereiken en werken het liefst met kleinere details.

Chunkgrootte heeft betrekking op de omvang van een taak waarmee iemand bij voorkeur werkt. Iemand met een *globale* voorkeur zal taken in veel grotere chunks (brokken) opsplitsen dan een *details*-mens. Een details-mens zal een taak in veel kleinere, meer beheersbare stappen opsplitsen.

Als jij tot de mensen behoort die bij voorkeur op een globaal of conceptueel niveau werken en je moeite hebt om met details om te gaan, zul je, bijvoorbeeld op een cursus, de *grote lijnen* willen horen van wat je op het punt staat te leren. Als de docent meteen in de details van een onderwerp duikt, zul je moeite hebben het nieuwe onderwerp te begrijpen. Je vindt het gemakkelijk om het bos te zien, maar je raakt door de massa bomen in verwarring. Als je globaal werkt, oftewel aan het grote plaatje de voorkeur geeft, word je al snel ongeduldig of heb je onvoldoende aandacht voor de informatie die een details-persoon je wil geven.

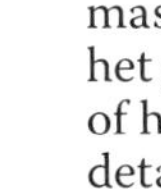

Details-mensen hebben de neiging direct in de uitvoering van een taak te duiken zonder te kijken naar de impact van de stappen op het uiteindelijke, gewenste doel. Als gevolg daarvan is het mogelijk dat ze het feitelijke doel niet bereiken of dat ze het doel pas ontwaren nadat ze veel tijd en energie hebben gestoken in stappen die naar het verkeerde doel leiden.

- Iemand die de neiging heeft om vanuit een *globaal* perspectief te werken, zal graag de volgende woorden horen: 'overzicht', 'de grote lijnen', 'in een notendop', 'over het algemeen' en 'in wezen'.
- Iemand aan het *details*-uiteinde van het spectrum zal beter luisteren naar iemand die termen gebruikt als 'plan', 'precies', 'volgens schema', 'specifiek', 'ten eerste', 'ten tweede' en 'vervolgens'.

Overeenkomst, overeenkomst-met-verschil en verschil

Als je bij het leren of ervaren van iets nieuws de informatie probeert in te passen bij iets wat je al weet, heb je een voorkeur voor *overeenkomst.* Het kan echter ook zijn dat je iemand bent die eerst de overeenkomsten in situaties opmerkt en zich vervolgens van de verschillen bewust wordt. In dat geval heb je een voorkeur voor *overeenkomst-met-verschil.* Een derde mogelijkheid is dat je gericht bent op de dingen die afwijken van wat je al weet. Jij bent iemand die er de voorkeur aan geeft om op *verschil* te sorteren.

Als *overeenkomst*-persoon heb je een voorsprong als het aankomt op rapport, aangezien rapport bij uitstek betrekking heeft op je aanpassen aan de fysiologie en het denken van iemand anders. Waarschijnlijk doe je dat al automatisch. Je hebt de neiging om een heleboel binnenkomende informatie weg te laten als je de overeenkomsten met voorafgaande situaties niet ziet. Je hebt misschien moeite met iets nieuws te leren, tenzij je daarin patronen ontdekt die je vertrouwd zijn. Zo is het leren van een nieuwe taal gemakkelijker als je overeenkomsten met je moedertaal kunt vinden. Je houdt niet van verandering; je voelt je er misschien zelfs door bedreigd en je vindt het moeilijk om je aan veranderingen in je werk en je privéleven aan te passen. Over het algemeen houd je er niet van om zelf veranderingen aan te kaarten, je vermijdt verandering en je treuzelt zelfs om belangrijke veranderingen aan te brengen wanneer een situatie echt ernstig wordt. Dit betekent dat je waarschijnlijk zelden zult verhuizen of van baan zult veranderen.

Als *overeenkomst-met-verschil*-persoon zul je eerst naar overeenkomsten in een situatie speuren en vervolgens naar de verschillen op zoek gaan. De evolutionaire aanpak van verandering staat je wel aan, je geeft de voorkeur aan een belangrijke verandering na zo'n vijf tot zeven jaar, maar tegen plotselinge verandering zul je je waarschijnlijk verzetten. Probeer de nadruk te leggen op dingen die hetzelfde zijn als je met dit soort mensen beter rapport wilt opbouwen, gevolgd door wat het verschil is. Bijvoorbeeld: 'Het werk lijkt in grote lijnen op wat je tot nu toe hebt gedaan, maar daarnaast word je betrokken in de implementatie van nieuwe oplossingen.'

Als je een voorkeur hebt voor overeenkomst-met-verschil, zul je nieuwe dingen leren gemakkelijker vinden dan iemand met een voorkeur voor overeenkomst. Toch is het ook voor jou moeilijk om nieuwe dingen te leren als je geen vertrouwde kapstokken kunt vinden om de nieuwe informatie aan op te hangen.

Als je vanuit een *verschil*-metaprogramma opereert, zul je dol zijn op verandering. Na één à twee jaar moet er een revolutie in je leven plaatsvinden en je creëert veranderingen louter omwille van de verandering. Maar net als overeenkomst-mensen heb je de neiging om grote hoeveelheden informatie weg te laten, behalve dan dat het in jouw geval informatie betreft waarbij je de verschillen niet kunt ontwaren. Sommige mensen zullen je een moeilijk persoon vinden vanwege je neiging om altijd de andere kant van de medaille te zien. Je bent dol op het leren van nieuwe dingen, maar je doet dat wel oppervlakkig als het niet echt nodig is om diep te gaan. Je kunt gemakkelijk rapport opbouwen met mensen die zich gemakkelijk op verschillen kunnen richten, maar je moet er bewust moeite voor doen om te praten met mensen die een voorkeur hebben voor overeenkomst of overeenkomst-met-verschil.

- Mensen met een voorkeur voor *overeenkomst* zullen woorden gebruiken als 'hetzelfde', 'gelijk aan', 'gemeenschappelijk', 'zoals altijd', 'statisch', 'ongewijzigd', 'zo goed als' en 'identiek'.
- Mensen die op basis van *overeenkomst-met-verschil* werken, zullen woorden en uitdrukkingen gebruiken als 'hetzelfde behalve', 'beter', 'verbeteren', 'geleidelijk', 'toename', 'evolutionair', 'minder', 'hoewel' en 'hetzelfde maar met dit verschil'.
- Mensen die op basis van *verschil* opereren, zullen woorden en uitdrukkingen gebruiken zoals 'tegengesteld', 'veranderd', 'drastisch', 'volledig anders' en 'niet vergelijkbaar'. Om tot deze mensen door te dringen gebruik je uitdrukkingen als 'Ik weet niet of je het met me eens bent of niet ...'

Tijdsperspectieven

Je kunt de neiging hebben om je meer op het verleden, het heden of de toekomst te richten. In zijn boek *The Time Paradox* zegt Philip Zimbardo dat jouw kijk op de tijd (wat hoofdzakelijk een onbewuste houding is) een enorme invloed heeft op je leven. Het heeft namelijk invloed op de manier waarop je beslissingen neemt en op de mogelijkheden waaruit je volgens jou kunt kiezen, ook al ben je jezelf daar niet van bewust (zie tabel 4.1).

Tabel 4.1: Voor- en nadelen van een gerichtheid op het verleden, het heden of de toekomst

Focus	*Voordelen*	*Nadelen*
Verleden	Mensen met een positieve herinnering aan hun verleden hechten aan tradities. Ze hebben een krachtige positieve identiteit en sterke gedragspatronen, waarden en opvattingen.	Mensen die zich op een negatieve herinnering uit het verleden richten, hebben vaak spijt, zijn boos en zijn minder optimistisch.
Heden	Mensen die zich op het heden richten kunnen zich op hun huidige taak concentreren en daarna verdergaan.	Mensen die zich te veel op het heden richten, leren niet van fouten uit het verleden.
Toekomst	Mensen die zich op de toekomst richten (maar niet te veel), plannen, hebben hoop en zijn derhalve optimistisch.	Mensen die altijd aan de toekomst denken, hebben de neiging om haastig door het leven te gaan en zich naar de volgende ervaring te spoeden.

Door te luisteren naar werkwoordsvormen kun je herkennen wat iemands kijk op de tijd is. Iemand die zich op het verleden richt, zegt dingen als 'ik herinner me', 'toen ik jong was', 'vroeger was het beter' en 'had ik maar …' Iemand die op de toekomst is gericht zegt daarentegen 'zodra …' en 'binnenkort ga ik …' Mensen die op het heden zijn gericht, gebruiken de tegenwoordige tijd en praten over wat ze om zich heen zien, bijvoorbeeld 'zo is het' of 'dit is wat er aan de hand is'. Je kunt deze mensen beïnvloeden door je taal aan te passen aan de werkwoordsvorm die ze het meeste gebruiken.

Een evenwicht vinden; dat is de sleutel tot succes, net als bij de meeste andere dingen in dit leven. Als je te veel bij het verleden, het heden of de toekomst blijft stilstaan, doe dan een bewuste poging om je aandacht te verleggen, totdat die handeling een tweede natuur van je wordt.

Hoofdstuk 5

Ankers uitwerpen

In dit hoofdstuk:

- De invloed van geluiden, beelden, geuren en gewaarwordingen
- Controle over hoe je je van binnen voelt
- Hoe je je visie op het verleden en de toekomst verandert

Gewone mensen zoals jij en ik reageren voortdurend emotioneel. Soms is dat aangenaam, zoals bij verliefdheid, vreugde en plezier. Andere keren is dat ellendig, bijvoorbeeld wanneer je in de steek wordt gelaten, bedroefd bent of pijn hebt. Dit soort dingen maakt het leven enerzijds interessant en plezierig, maar anderzijds verwarrend en onvoorspelbaar.

De meeste mensen hebben die toestand van heftige opwinding wel eens meegemaakt. NLP gebruikt de term *gemoedstoestand* voor het kijken naar jezelf, en het bewuster worden van jezelf op een willekeurig moment in de tijd.

In zijn extreme vorm kan dit gevoel van overweldiging en controleverlies mensen bang maken. Het kan van invloed zijn op je carrière en je sociale functioneren. Gelukkig biedt de stabiliserende invloed van de NLP-gereedschapskist hulp om jezelf, je ervaringen en de invloed die je op andere mensen hebt, op elk gewenst moment in de hand te houden.

Aan de slag met NLP-ankers

De NLP-gereedschappen die positieve ervaringen in jezelf helpen te creëren, worden *ankertechnieken* genoemd, vergelijkbaar met ankers die een boot in open water stabiliteit geven. NLP omschrijft een *anker* als een externe prikkel die een specifieke interne ervaring of reactie op gang brengt.

Mensen leggen doorlopend ankers vast en reageren voortdurend op ankers. Je remt bijvoorbeeld voor een rood stoplicht. Of je merkt dat je bij sommige etenswaren gaat watertanden.

Misschien vraag je je af waarom ankers behulpzaam zijn. Het antwoord is dat je, door te leren ankeren, met al je positieve en lastige ervaringen en herinneringen aan de slag kunt gaan waardoor je voortaan veel sterker staat.

Mensen leren gedrag aan als reactie op een prikkel. Al vanaf het prille begin van de zwangerschap wordt de ongeborene geprogrammeerd om op bepaalde prikkels te reageren. We veranderen doorlopend onze ervaringen als reactie op onze omgeving en we zijn ongelooflijk flexibel in ons gedrag.

Een anker uitwerpen

Onze opgeslagen ervaringen (herinneringen) zijn aan onze zintuigen gekoppeld. Vooral geuren zijn krachtige ankers van bepaalde tijdstippen en gebeurtenissen. Je ruikt bijvoorbeeld een bepaald parfum en dat doet je onmiddellijk denken aan dat eerste afspraakje, toen je die geur droeg. Of misschien ben je ooit dronken geworden van rum en is nu de geur alleen al voldoende om je een misselijk gevoel te geven. Voortdurend maken we positieve en negatieve ankers voor onszelf.

Hoe leg je een anker vast? NLP-docenten hebben daar verschillende methoden voor. Ian McDermott en Ian Shircore be-

Van Twitmeyer tot Pavlov: hoe het allemaal begon

Wat de Russische psycholoog Pavlov tijdens zijn beroemde experimenten met honden ontdekte, was een vroeg voorbeeld van ankeren. Je dient een hond een prikkel (voedsel) toe en je krijgt een consistente reactie (kwijlen). Je laat het geluid van een bel (de geconditioneerde prikkel) horen terwijl je het voedsel in de bek van de hond legt, en weldra zal de hond leren om op het geluid van de bel te reageren.

Pavlovs wat minder beroemde collega Twitmeyer onderzocht de menselijke kniereflex in 1902, nog voordat Pavlov de speekselafscheiding in honden bestudeerde. Twitmeyer tikte met een hamertje op de knie en liet een bel klinken wanneer hij met het hamertje tikte. Net als bij zoveel andere wetenschappelijke ontdekkingen leidde één toevallige verandering in een experiment tot een van de opwindendste doorbraken. Op een dag liet Twitmeyer de bel klinken en vergat met het hamertje te tikken. En raad eens? Jawel, de knie van de proefpersoon reageerde louter op het geluid van de bel.

Helaas voor Twitmeyer was hij zijn tijd enigszins vooruit en reageerden andere artsen lauw op zijn bijdrage aan het *behaviorisme* (de persoonlijkheidstheorie die de interne werking van de hersenen negeert en zich richt op hoe mensen worden geconditioneerd om op prikkeling in hun omgeving te reageren). Maar in 1904 trok Pavlovs werk met honden wél de aandacht van de wetenschap. Pavlov won zelfs de Nobelprijs voor fysiologie.

Sindsdien is het onderzoek naar het gedrag van dieren steeds wetenschappelijker en ingewikkelder geworden. Elke dag lees je wel over nieuw hersenonderzoek en voortdurend neemt onze kennis over menselijke intelligentie en gedrag toe.

schrijven de volgende eenvoudige, uit drie stappen bestaande NLP-techniek om je eigen gemoedstoestand te regelen door hulpvaardige ankers uit te werpen:

1. Schep duidelijkheid over de positieve gemoedstoestand die je idealiter wilt hebben.

Je zelfverzekerde gemoedstoestand is bijvoorbeeld uitdagend of gevat, energiek, vooruitdenkend of enthousiast. Wees duidelijk en specifiek bij de beschrijving van deze gemoedstoestand in je eigen woorden.

2. Haal je een specifieke gelegenheid voor de geest, het moment waarop je die gemoedstoestand had.

   Je zoekt dus naar een vergelijkbare ervaring, ook al is de context misschien een heel andere.

3. Beleef deze ervaring opnieuw, zo levendig als je maar kunt.

   Ga volledig in de ervaring op: de beelden, geluiden, geuren, het fysieke gevoel en de interne gewaarwordingen.

Zodra je deze drie stappen hebt gedaan en je in de best mogelijke positieve gemoedstoestand verkeert, is het moment gekomen om een anker in te stellen. Een handbeweging is als fysiek (kinesthetisch) anker zeer geschikt. Let er gewoon op wat je handen aan het doen zijn terwijl je met de ervaring bezig bent en houd een specifieke beweging vast, bijvoorbeeld een stevige vuist, of je duim en wijsvinger die een cirkel maken. (Een handdruk zal hier niet werken, omdat het zo'n triviaal gewoontegebaar is.) Als auditief anker kun je een specifiek geluid nemen. Mensen met een visuele voorkeur kunnen een beeld oproepen dat de positieve gemoedstoestand symboliseert.

Wanneer je naar een positieve gemoedstoestand wilt terugkeren, roep je simpelweg het anker op als prikkel om je ervaring te veranderen. Je doet dat door de specifieke beweging te maken of te denken aan het geluid of het beeld dat je als opwekker van de positieve gemoedstoestand gebruikte. Een andere manier om hulpvaardige ankers vast te leggen verloopt via de Cirkel van Excellentie, een klassieke NLP-methode die verderop in dit hoofdstuk wordt beschreven.

Ankers moeten aan de volgende voorwaarden voldoen:

- Ze moeten specifiek zijn – ze moeten verschillen van alledaagse bewegingen, geluiden of beelden.
- Ze moeten uniek zijn – ze zijn voor jou speciaal.
- Ze moeten intens zijn – je stelt ze in wanneer je het hoogtepunt van de ervaring volledig en intensief beleeft.
- Ze moeten op het geschiktste moment betrekking hebben – je koppelt het beste moment aan het anker.
- Ze moeten bekrachtigd worden – een anker verliest zijn waarde als je het niet gebruikt. Ankeren is een vaardigheid die je ontwikkelt door te oefenen.

Het is heel gemakkelijk om onbedoeld een negatief anker vast te leggen. Hoe kun je vermijden dat dit per ongeluk gebeurt? De sleutel is dat je herkent wat door een negatieve prikkel in je wordt opgeroepen, en dat je beseft dat je in je reacties een keuze hebt. Als je in bepaalde situaties van een negatieve reactie een gewoonte hebt gemaakt, kun je, zodra je je er eenmaal bewust van bent, beslissen of dit een juiste en handige reactie is of dat je er verandering in wilt aanbrengen.

Gemoedstoestanden ijken

Weet je wanneer mensen om je heen in een gelukkige, positieve toestand verkeren en wanneer niet? Wat zijn de signalen? Wanneer je mensen ontmoet en een privé- of zakelijke relatie met ze opbouwt, is het handig om ze te *ijken* (in NLP ook *kalibreren* genoemd). NLP omschrijft ijken als het proces waarbij je de reacties van anderen leert interpreteren. Goede communicatoren hebben geleerd hun opmerkingsvermogen te vergroten. In plaats van te gissen hoe iemand anders denkt, herkennen ze de subtiele aanwijzingen en de gezichtsuitdrukkingen van mensen met wie ze verkeren.

Het is onmogelijk om *niet* te communiceren, luidt een van de NLP-vooronderstellingen. Je beïnvloedt andere mensen doorlopend, of je dat nu wilt of niet. Door een blik of een woord roep je in jezelf of in anderen al ervaringen op, moeiteloos, zonder enige bewuste moeite, door gewoon jezelf te zijn en te doen wat je doet.

Wanneer iemand je een schouderklopje of een reprimande geeft of teleurstelling of vreugde uit, herken je dat aan de klank van hun stem. Nou, de klank van je eigen stem fungeert eveneens als een anker. De klank van je stem variëren is een manier om de gemoedstoestanden van anderen te beïnvloeden. Probeer deze methode eens uit wanneer je de gemoedstoestand van je toehoorders of van een gesprekspartner wilt veranderen. Soms zul je wellicht enthousiast moeten klinken en op andere momenten autoritair, kalm of gemoedelijk.

Je eigen ankerrepertoire instellen

Op zoek gaan naar optimale ervaringen voor jezelf is een uitstekende manier om met NLP-begrippen te werken. Jezelf zijn is immers het beste. Je kunt het enigszins vergelijken met een tennisser die over een slagenrepertoire of een voetballer die over een arsenaal passeerbewegingen beschikt.

Noteer de situaties waarin je uitzonderlijk succesvol was. Wat deed je in die tijd? Waar was je, met wie ging je om en welke dingen die je op dat moment deed, hielpen je daarbij? Wat was toen belangrijk voor je?

Stel een scala visuele, auditieve en kinesthetische ankers samen die je een goed gevoel geven over jezelf en anderen. Je kunt hierbij de hulp van een vriend inroepen en met elkaar aan deze lijst werken.

Emoties herbeleven

Denk even terug aan gisteren. Terwijl je de gebeurtenissen van die dag nog eens doorneemt, vraag je jezelf af hoe je je op verschillende momenten voelde. Was je de hele dag in dezelfde stemming? Waarschijnlijk niet. Net als een thermometer zul je het kouder of warmer hebben gehad of alle dimensies van de schaal hebben doorlopen: koel en kalm, warm en geïnteresseerd, heetgebakerd en opgewonden enzovoort en in alle mogelijke schakeringen.

Als mensen zijn we gezegend met gedragsflexibiliteit en een wonderlijk vermogen om onze ervaringen te veranderen. We moeten ook wel veranderen. Als we ons op een constante manier zouden gedragen, zouden we regelrecht op een burn-out afstevenen. Op sommige momenten zul je ontspannen willen zijn en ontvankelijk voor wat je aan het zeggen bent, terwijl je op andere momenten sterk op details bent gespitst, en op weer andere momenten nieuwsgierig en geïnteresseerd wilt zijn.

Gemoedstoestanden veranderen met ankers

Je gemoedstoestanden volgen elkaar voortdurend op. De waarde van ankers is nu dat ze je in staat stellen een ervaring zo nodig in een hulpvaardiger ervaring te veranderen. Stel dat je bijvoorbeeld een moeilijke beslissing moet nemen, iemand moet ontmoeten of een gebeurtenis moet bijwonen. Vooral op bruiloften en begrafenissen kunnen emoties hoog oplopen en op zo'n belangrijk moment wil je je gevoelens nauwlettend regelen. Door jezelf in de juiste gemoedstoestand te brengen kun je het beste alternatief kiezen en resultaatgericht handelen.

Door het vermogen te ontwikkelen om ankers te activeren kun je jezelf in een kalme toestand brengen, maar ook overschakelen naar een energieke modus waarin je risico's neemt. Een anker is per definitie aan een stabiele positie gekoppeld; het houdt je veilig en voorkomt dat je wegdrijft. Kracht en stabiliteit zijn hier de sleutelwoorden.

Steeds wanneer je merkt dat je niet in een 'beste stemming' verkeert, heb je een keuze. Óf je blijft in deze onplezierige toestand hangen omdat je er om de een of andere reden toch een waarde uit peurt, óf je beslist dat er een 'betere' toestand is waarheen je liever wilt overschakelen. Als je je stemming wilt veranderen activeer je een anker om een positievere ervaring voor jezelf te creëren.

Als je negatieve ankers voortdurend door positieve ankers vervangt, kan dat tot problemen leiden. Negatieve ankers kunnen manieren zijn waarop het onbewuste aan je meldt dat er onderliggende problemen zijn die aangepakt moeten worden. Zo kan een vermoeid gevoel erop wijzen dat je huidige werkpatronen je uitputten. Als je dit aldoor met een energiek anker zou blijven aanpakken, brand je op.

Beter af met barokmuziek

De oude Grieken wisten het al, de eerste psychologen maakten er gebruik van en de moderne wetenschap kan het alleen maar bevestigen: muziek beïnvloedt zowel de geest als het lichaam. Muziek verandert onze hersengolven die de elektrische activiteit in onze hersenen weerspiegelen. Onze hersengolven, die in ontspannen toestand traag zijn, worden sneller naarmate we energieker worden. In de meeste culturen lijkt muziek met een tempo van ongeveer zestig slagen per minuut het prettigst gevonden te worden, aangezien dit overeenkomt met de snelheid van de menselijke hartslag in rusttoestand.

Barokmuziek is bij uitstek geschikt om een toestand van ontspannen bewustzijn (de zogeheten alfatoestand) te creëren. Als je dit soort muziek wilt leren kennen, zoek dan naar Largo- en Adagiopassages in muziekstukken die tussen 1600 en 1750 werden gecomponeerd. Bach, Mozart, Händel en Vivaldi bieden allen een goed vertrekpunt.

In andermans schoenen staan

Zoeken naar een positief rolmodel ofwel naar iemand die zich gedraagt zoals jij je zou willen gedragen, is een andere manier om je NLP-vaardigheden te ontwikkelen. Vervolgens probeer je de lichaamstaal van dat rolmodel uit. Je bootst bijvoorbeeld de manier na waarop het rolmodel zich gedraagt (direct op de man af of subtiel, glimlachend of ernstig), waarna je de manier van lopen probeert te imiteren. Dit wordt wel de *mocassin walk* genoemd; je probeert je in zo'n geval voor te stellen dat je in de schoenen van je rolmodel staat en je loopt de kamer of de straat door op een manier alsof je in diens voetstappen treedt.

Door je eigen fysiologie te veranderen verander je ook je interne ervaring, ofwel hoe je denkt en reageert.

Gevorderde ankertechnieken

In deze paragraaf lees je hoe gevorderde NLP-ankertechnieken je kunnen helpen lastige of angstaanjagende situaties het hoofd te bieden. Misschien heb je moeite met het veranderen van schadelijk gedrag, zoals roken of te veel zoetigheid eten. Of misschien wil je je zelfvertrouwen opvijzelen om je prestaties op het sportveld te optimaliseren of in het openbaar te spreken.

Het is uiteraard niet zo dat de NLP-methode je in één klap zal omtoveren in een operazangeres of Olympische atleet. NLP geeft je niet plotseling het vermogen om vaardigheden uit te oefenen waarover je niet beschikt, maar het reikt je wél ankers aan die je kunnen helpen je aangeboren hulpbronnen optimaal aan te wenden.

Negatieve ankers veranderen

Soms heb je een manier nodig om een negatief anker te wijzigen. Als eenvoudig voorbeeld wil je bijvoorbeeld een eind maken aan een destructieve gewoonte. Iemand die een dieet volgt en steeds naar de koektrommel grijpt wanneer ze een kopje thee drinkt, heeft een negatief anker gecreëerd. Thee drinken is gekoppeld aan een koekje nemen.

Jezelf desensitiseren

Een van de bekendste NLP-methoden om een anker los te laten verloopt via *desensitisatie*. Om dit te doen moet je jezelf eerst in een neutrale of gedissocieerde toestand brengen, waarna je het probleem in kleine doses introduceert. Dus als het om afslanken gaat, zoals in het vorige voorbeeld, moet je eerst een krachtige toestand bereiken waarin je in staat bent om 'Nee, dank je' tegen vetrijk voedsel te zeggen. Daarna oefen je dat je in verleiding wordt gebracht terwijl je je in de sterke toestand blijft bevinden. In wezen komt dit neer op het aanleren van nieuwe gewoonten.

Ankers inhalen

Een andere strategie is het *anker in te halen* door twee ankers tegelijk te activeren: het ongewenste negatieve anker plus een sterker positief anker. Wat er dan gebeurt, is dat je in een toestand van verwarring raakt en dat er een nieuwe, andere toestand ontstaat. Het patroon wordt verbroken en maakt plaats voor een nieuw patroon.

De ankerketen langer maken

Al eerder werd opgemerkt hoe we op één dag verschillende emotionele ervaringen doormaken. Ankers werken vaak in ketens, waarbij de ene prikkel tot een andere prikkel leidt. Soms is het nuttig om een keten van ankers te maken. Je kunt dit met de schakels van een armband vergelijken. Elke schakel in de ketting fungeert als prikkel voor de volgende schakel en bouwt op die manier een aantal opeenvolgende gemoedstoestanden op.

Je kunt ook een keten van ankers ontwerpen als een route om naar een gewenste toestand over te schakelen. Dat is vooral handig als de kloof tussen de huidige toestand en de gewenste toestand te groot is om in één sprong te overbruggen.

Verwarring en nieuwsgierigheid zijn nuttige tussenliggende stappen als je een verandering in gemoedstoestand voor jezelf en anderen wilt verwezenlijken. Ze maken emotioneel beladen situaties vaak minder dreigend.

Werken met de excellentiecirkel

De NLP-*excellentiecirkel* is een techniek die je helpt het vertrouwen op te roepen om een vaardigheid te hanteren. Je kunt met de cirkel werken als je angst hebt voor spreken in het openbaar of als je in je sport optimaal wilt presteren, maar ook in tal van andere situaties. De excellentiecirkel is een klassieke NLP-techniek die je bij voorkeur oefent met een partner.

Denk eerst aan de situatie waarin je gaat presteren en stel je je eigen magische cirkel voor, die voor je op de grond is getekend. Maak er een ruime cirkel van met een doorsnee van ongeveer één meter. Bij de volgende stapsgewijze aanwijzingen stap je in en uit de cirkel, waarbij je wordt verteld wat je tijdens elke fase met de hulp van de partner gaat doen.

1. Sta buiten de cirkel met je partner.

   Neem je beste ervaring in gedachten. Zeg tegen je partner welke ervaring dat is. Je partner zegt: 'Herinner je een moment waarop je XXX (noem hier de desbetreffende ervaring)... keer er intensief naar terug... zie wat je toen zag, en hoor wat je toen hoorde.'

2. Stap de cirkel binnen.

   Beleef die ervaring opnieuw. Maak het allemaal zo levendig mogelijk, doorleef het. Voel wat je handen aan het doen zijn en veranker deze ervaring met een handbeweging op het moment dat de herinnering het levendigst is.

3. Stap uit de cirkel, terug naar je partner.

   Herhaal de oefening door je beste ervaring een tweede keer in gedachten te nemen. Om je op de toekomstige gebeurtenis voor te bereiden zegt je partner: ‘Denk aan een tijdstip waarop deze ervaring je van pas zal komen.’

4. Stap de cirkel weer binnen.

   Met je hand in de verankerde positie stap je de cirkel binnen. Je partner vraagt je om te zien, te horen en te voelen hoe het nu voor jou aanvoelt.

5. Stap uit de cirkel, terug naar je partner.

   Ontspan... je bent er!

Herhaal deze oefening met andere optimale ervaringen om het anker nog krachtiger te maken. Wanneer je je zelfbewuste en positieve gemoedstoestand nodig hebt, beeld je je in dat de cirkel vlak voor je ligt en doe je een duidelijke stap naar voren om de cirkel binnen te stappen, op deze manier creëer je voor jezelf een ruimtelijk anker.

Hoofdstuk 6

Draaien aan de regelknoppen van je beleving

In dit hoofdstuk:

- Hoe je je prettig kunt voelen en daarna nog prettiger
- Hoe je de invoer van je zintuigen kunt afstemmen
- Hoe je de angel uit een pijnlijke ervaring trekt

Probeer het volgende eens: denk aan een hele prettige ervaring die je hebt gehad. Zie je beelden voor je, terwijl je aan de ervaring denkt, krijg je een bepaald gevoel, hoor je bepaalde geluiden? Het zou prachtig zijn als dat allemaal het geval is, maar het is ook prima als je slechts een of twee van deze drie modaliteiten ervaart, want je gaat er nog aan werken om ze alle drie te ervaren. Kun je de ervaring intensiever maken? Mooi!

Welkom terug op aarde! Hoe maakte je de ervaring intenser toen je die opnieuw beleefde? Maakte je het beeld groter, helderder en kleuriger of haalde je het beeld misschien dichter naar je toe? Draaide je het volume hoger van de geluiden die je hoorde, liet je een gevoel je lijf dieper doordingen? In elk geval heb je zojuist ontdekt hoe je met je *submodaliteiten* kunt stoeien.

Aangezien submodaliteiten de elementaire bouwstenen zijn van hoe jij jouw wereld ervaart, kan een subtiele verandering van een submodaliteit een aanzienlijk effect hebben op een verandering van de bijbehorende ervaring. Wat dit betekent, is dat je controle hebt over de manier waarop je de wereld wilt ervaren. Je kunt ervoor kiezen om je gemoedstoestand te veranderen door een plezierig moment intensiever te maken of de negatieve emoties uit een onplezierige ervaring te verwijderen. Ook kun je leren om van een ongewenste ervaring (bijvoorbeeld een toestand van verwarring) naar een betere toestand (bijvoorbeeld begrip) over te schakelen. Kortom, je kunt *kiezen* welke zin je geeft aan de dingen die je in je leven overkomen.

Submodaliteiten: hoe we onze ervaringen registreren

In NLP worden je vijf zintuigen (zien, horen, kinesthesie, reuk en smaak) *modaliteiten* genoemd. Submodaliteiten zijn de middelen waarmee je je modaliteiten kunt afstemmen om hun kwaliteiten te veranderen.

Submodaliteiten van je gezichtsvermogen zijn bijvoorbeeld de afmetingen van een beeld, de helderheid van dat beeld, de kleur van het beeld en de aan- of afwezigheid van een rand om het beeld. Submodaliteiten van je auditieve modaliteit zijn bijvoorbeeld luidheid, tempo en het timbre van een stem. Bij gevoel kunnen zwaarte en vlinders in je buik submodaliteiten zijn. Snap je het idee?

Met *contrastanalyse* wordt gedoeld op het proces waarbij je twee ervaringen bekijkt en de submodaliteiten van deze twee ervaringen vergelijkt en contrasteert. Als we je bijvoorbeeld vragen de submodaliteiten van iets reëels (bijvoorbeeld een hond) te vergelijken met iets waarvan je weet dat het een fantasie is (bijvoorbeeld een eenhoorn), zul je ontdekken dat er verschillen in submodaliteiten zijn.

Wat je vooraf moet weten

Submodaliteiten hebben betrekking op hoe je je ervaringen zin geeft: iets is echt of niet echt, goed of slecht enzovoort. Je kunt submodaliteiten gebruiken om de intensiteit van de betekenis van de ervaring te veranderen. Tijdens de oefening aan het begin van dit hoofdstuk gaf je een ervaring een betekenis; de ervaring was plezierig. Door de submodaliteiten van die ervaring te wijzigen was je in staat de ervaring (en dus de betekenis van die ervaring) te intensiveren; de ervaring werd zo mogelijk nóg plezieriger.

Dus weet je nu hoe je je herinneringen simpelweg kunt regelen door de submodaliteiten van de beelden, geluiden en gevoelens te wijzigen. Je bent je er nu van bewust dat modaliteiten kunnen worden onderverdeeld in submodaliteiten. Weet echter ook dat submodaliteiten eveneens verder gesplitst kunnen worden. Een beeld kan in *kleur* zijn en verschillende kleurtinten bevatten, maar ook *zwart-wit* zijn en uit diverse grijsgradaties bestaan. Het kan een beeld zijn met een *rand*, maar ook een *panorama*. Geluiden kunnen zich in je hoofd bevinden, maar ook erbuiten. Gevoelens kunnen een structuur hebben.

Associëren of dissociëren

In deze paragraaf lees je hoe je in en uit je herinneringen kunt stappen en daardoor over meer keuzemogelijkheden beschikt om je gevoelens sterker te maken of ze juist af te zwakken. Naar onze mening is dit een erg belangrijke submodaliteit en tevens eentje die extra toelichting vereist.

Wanneer je jezelf in een beeld visualiseert, is het net alsof je jezelf op een zelfgemaakte video bekijkt. Dit is *dissociatie*. Daarentegen kun je jezelf ook in een beeld bevinden en met je eigen ogen kijken. Dit is *associatie*. Associatie of dissociatie in een beeld kan een enorm belangrijke submodaliteit zijn wanneer je emoties ervaart als gevolg van de beelden die je schept.

Gewoonlijk zijn de emoties groter wanneer je in het beeld geassocieerd bent. Soms vinden mensen het moeilijk te associëren of te dissociëren. Iemand die bijvoorbeeld getraumatiseerd is of een ernstig persoonlijk verlies heeft geleden, zal associëren moeilijk vinden en zal moeten leren dit te doen.

Stel jezelf eens een beeld van jezelf achter het stuur van een auto voor om een indruk te krijgen hoe associatie en dissociatie aanvoelt. Als je gedissocieerd bent, zie je een beeld van jezelf in de auto, ongeveer zoals je jezelf op televisie of op een foto bekijkt. Als je in het beeld wilt associëren, stel jezelf dan voor dat je het portier opent en in de auto plaatsneemt. Kijk vervolgens met je eigen ogen.

Vind je het moeilijk om te dissociëren? Stel jezelf dan voor dat je in een auto zit. Stel jezelf nu voor dat je uit de auto stapt, de straat op. Draai je om, kijk naar de auto en zie jezelf achter het stuur zitten. Als je in zo'n geval nog steeds niet kunt dissocieren, doe dan net alsof je naar een film kijkt en dat je jezelf op het scherm ziet, naast de auto.

Als je het gevoel hebt dat je je hierin (of in een andere oefening) niet kunt vinden, laat de oefening dan voor het moment even rusten. Je kunt het altijd later nog eens proberen zodra je meer voeling met NLP hebt gekregen. Of zoek een NLP-coach of NLP-groep om mee aan de slag te gaan en je vaardigheden in dit opzicht te vergroten.

De details van je herinneringen bepalen

Terwijl je dit boek aan het lezen bent, ben je je waarschijnlijk niet bewust van de druk van de stoelleuning tegen je rug en benen, hoewel je dat nu wél ervaart omdat we er zojuist over begonnen. Evenzo ben je je niet altijd bewust van de kwaliteiten van je herinneringen totdat we je vragen om je een moment te herinneren.

Je kunt je van de kwaliteiten van de submodaliteiten bewust worden door aandacht te schenken aan wat je ziet, hoort of voelt terwijl je aan de ervaring terugdenkt.

We hebben ons in dit hoofdstuk tot de visuele, auditieve en kinesthetische submodaliteiten beperkt en ervoor gekozen om smaak en reuk buiten beschouwing te laten. We denken namelijk dat smaak en reuk in onze cultuur niet dezelfde nadruk krijgen als in andere culturen. Toch hebben smaken en geuren wel degelijk invloed op onze emotionele hersenen.

Visuele submodaliteiten oproepen

Je kunt de kwaliteit van een beeld omschrijven in termen van waar het beeld zich in de ruimte bevindt wanneer je het bekijkt. Het bevindt zich bijvoorbeeld direct voor je, of links van je, rechts van je of een beetje boven of onder je blikrichting. Als het een panoramisch beeld is, lijkt het net alsof je op een bepaalde plek staat van waaruit je je hoofd kunt draaien om het uitzicht voor je te bekijken. Ontdek hoe je beelden in je hoofd schept door over de volgende kwaliteiten na te denken.

Visuele submodaliteiten	Ontdek ze aan de hand van de vraag
Locatie	Waar bevindt het beeld zich in de ruimte?
	Wijs naar het beeld.
	Hoe dichtbij of hoe ver weg is de opname gemaakt?
Kleur/zwart-wit	Is de afbeelding in kleur of in zwart-wit?
Geassocieerd of gedissocieerd	Is het beeld geassocieerd of gedissocieerd?
	Kun je jezelf in het beeld zien of kijk je vanuit jezelf?
Grootte	Is het beeld klein of groot?
	Welke afmetingen heeft het beeld volgens jou?
Twee- of driedimensionaal	Is het beeld twee- of driedimensionaal?
Helderheid	Is het beeld helder of dof?
Statisch of bewegend	Is het beeld een statisch beeld of een film?
	Als het een film is, hoe snel verloopt de beweging dan in de film?
Vorm	Is het beeld vierkant of rechthoekig?
In kader of panoramisch	Heeft het beeld een rand of is het panoramisch?
Scherp of vaag	Is het beeld scherp of vaag?

Auditieve submodaliteiten oproepen

Net als de beelden die je in je hoofd vormt, hebben ook de geluiden die je hoort bepaalde kwaliteiten. Misschien ben je je pas bewust van de aspecten van de geluiden die je hoort, als je je erop concentreert door de volgende vragen te beantwoorden.

Auditieve submodaliteiten	Ontdek ze aan de hand van de vraag
Locatie	Waar hoor je het geluid?
	Hoor je het geluid in je hoofd of erbuiten?
	Wijs naar waar het geluid vandaan komt.
Woorden of geluiden	Hoor je woorden of geluiden?
	Als het woorden zijn, is het dan de stem van iemand die je kent?
Volume	Is het geluid hard of zacht?
	Wordt het geluid gefluisterd of is het duidelijk hoorbaar?
Timbre	Als je een stem hoort, welke klank heeft die dan?
	Is het een zware, volle, nasale of rasperige stem?
Toonhoogte	Is het een hoge of een lage stem?
Mono of stereo	Kun je het geluid aan beide zijden horen of slechts aan één kant?
Doorlopend of met onderbrekingen	Klinkt het geluid doorlopend of met tussenpozen?
Ritme	Heeft het geluid een beat of een ritme?

Tempo	Is het gehoorde geluid snel of langzaam?
Melodie	Heeft het geluid een melodie?

Kinesthetische submodaliteiten oproepen

Je raadt het al: submodaliteiten die op gevoelens betrekking hebben, hebben eveneens kwaliteiten aan de hand waarvan je ze kunt omschrijven.

Kinesthetische submodaliteiten	Ontdek ze aan de hand van de vraag
Locatie	Waar in je lichaam? Wijs naar de plek waar je het gevoel kunt voelen.
Vorm	Heeft het gevoel een vorm?
Druk	Oefent het gevoel een druk uit?
Grootte	Heeft het gevoel een grootte? Is het groot of klein?
Kwaliteit	Doet het gevoel je tintelen? Is het een verspreid gevoel of op één plek geconcentreerd?
Intensiteit	Is het gevoel sterk of zwak?
Stilstaand of in beweging	Voel je het gevoel op één plaats of verplaatst het zich door je lijf?
Temperatuur	Is het gevoel warm of koud?
Doorlopend of met onderbrekingen	Is het gevoel constant of met tussenpozen?
Structuur	Heeft het gevoel structuur?

Wanneer je de submodaliteiten van een herinnering probeert te veranderen, is het belangrijk om eerst een lijstje te maken voordat je met submodaliteiten gaat stoeien. Mocht je op een bepaald moment vervelende gevoelens krijgen over het proces, dan kun je de beelden, geluiden of gevoelens altijd weer herstellen in de toestand waarin ze zich oorspronkelijk bevonden.

Vergeet niet om jezelf af te vragen of het oké is om verder te gaan en een of meer wijzigingen aan te brengen. Mocht je op weerstand stuiten of een ongemakkelijk gevoel krijgen, erken dat gevoel dan en bedank je onbewuste dat dit je op een potentieel intern conflict opmerkzaam heeft gemaakt. Je kunt eventuele problemen simpelweg overwinnen door jezelf tijd te geven of door met iemand, bijvoorbeeld een NLP'er, te praten.

Een beetje ervaring opdoen

Stel je voor dat je een afstandsbediening hebt met drie schuifregelknoppen die van de aanduidingen V (voor visueel), A (voor auditief) en K (voor kinesthetisch) zijn voorzien. Met dit apparaatje kun je de kwaliteiten veranderen van alle beelden die voor je geestesoog opduiken, alle geluiden die je in je hoofd hoort en alle gevoelens die je in je lijf voelt, gewoon door met de schuifregelaars V, A en K te spelen.

Probeer deze oefening eens om te zien hoe effectief een wijziging van submodaliteiten kan uitpakken.

1. Denk aan iemand die je aardig vindt.

2. Herinner je de laatste keer dat jullie intens samen ergens mee bezig waren.

3. Leg de kwaliteiten vast van het beeld dat je voor ogen komt, geluiden die je hoort en eventuele gevoelens die je krijgt.

4. Wijzig het beeld dat je hebt gemaakt, en wel één *visuele* submodaliteit tegelijk. Let erop hoe elke wijziging op de herinnering aan jullie samenzijn invloed heeft.

5. Wijzig de geluiden die je hoort, en wel één *auditieve* submodaliteit tegelijk. Let erop hoe elke wijziging de herinnering beïnvloedt.

6. Wijzig de gevoelens die je voelt, en wel één *kinesthetische* submodaliteit tegelijk. Let erop hoe elke wijziging invloed heeft op de herinnering aan jullie tijd samen.

Inzicht in je eigen kritieke submodaliteiten

Sommige submodaliteiten zijn uiterst krachtig in het bepalen van iemands reactie. Een voorbeeld hiervan is de grootte of de helderheid van een mentaal beeld. Je komt er bijvoorbeeld achter dat je een ervaring intensiever kunt maken door een beeld groter of helderder te maken. Of je merkt dat verplaatsing van het beeld naar een andere locatie of een associatie/dissociatie in een beeld invloed kan hebben op de geluiden en de gevoelens van een ervaring.

Een *kritieke* submodaliteit is een submodaliteit waar een wijziging ertoe kan leiden dat ook andere submodaliteiten van een ervaring erdoor worden gewijzigd. Ook beïnvloeding van submodaliteiten van andere representatiesystemen behoort tot de mogelijkheden. Wat dit inhoudt is dat je, door bijvoorbeeld de helderheid van een beeld te veranderen, niet alleen andere kwaliteiten van het beeld automatisch wijzigt, maar ook attributen van geluiden en gevoelens die je in samenhang met het beeld hebt ervaren, zonder dat je daar bewust iets aan doet.

Wijzigingen in je dagelijkse leven aanbrengen

We hopen dat je bij de oefeningen een goede indruk hebt gekregen van de submodaliteiten die de grootste invloed op je hebben, namelijk je kritieke submodaliteiten die ook andere submodaliteiten (je 'sturende' submodaliteiten) veranderen. We hopen bovendien dat je ervan overtuigd bent dat je je ervaringen kunt regelen en dat je ze zodanig kunt wijzigen dat je kunt kiezen hoe je je wilt voelen. In het licht van deze kennis en overtuiging nodigen we je uit om echte veranderingen in je leven aan te brengen door de oefeningen in de volgende paragrafen te doen.

Bedenk dat je je geest op allerlei plaatsen kunt programmeren: in de trein, in de file en zelfs onder een stomvervelende maaltijd bij je schoonouders. En onthoud dat oefening kunst baart, dus blijf oefenen, in de wetenschap dat ze je niet zullen arresteren omdat je met je submodaliteiten aan het spelen bent, zelfs niet als je dat in het openbaar doet.

De angel uit een ervaring halen

Kun je een onplezierige ervaring bedenken die je ooit hebt gehad? We doelen hiermee niet op iets dat je leven heeft geruïneerd, maar eerder op een incident waaraan je met een onprettig gevoel terugdenkt. Heb je er een gevonden?

Bekijk nu de submodaliteiten. Begin met het beeld, de geluiden en de gevoelens te wijzigen die je krijgt wanneer je aan de onplezierige ervaring terugdenkt. Wat gebeurde er? Je voelt je nu beter, nietwaar? Nee? Ontdek dan wat er gebeurt als je de submodaliteiten van de onplezierige ervaring wijzigt in de submodaliteiten van de plezierige ervaring die we je eerder in dit hoofdstuk vroegen voor de te stellen.

Een beperkende overtuiging wijzigen

Hoe vaak heb je jezelf dingen horen zeggen als 'ik kan dat niet', 'ik ben slecht in rekenen' of 'ik zou nu eindelijk eens moeten leren koken'? Dit zijn allemaal voorbeelden van *beperkende overtuigingen* ofwel generalisaties die je ten aanzien van jezelf en de wereld hebt gevormd. Ze kunnen je kreupel maken en afremmen, maar je ook meer kracht geven. Overtuigingen zijn echt self-fulfilling prophecies, die gewoon in de vorm van een begrip of een gedachte kunnen ontstaan. Vervolgens beginnen je filters zich als stadspoorten te gedragen en laten ze alleen die 'feiten' en ervaringen door die je overtuigingen bekrachtigen.

Stel bijvoorbeeld dat je een beetje dikker bent dan je wilt en dat je aan een dieet bent begonnen. Misschien heb je je een paar dagen aan het dieet gehouden totdat je de verleiding niet langer kon weerstaan. Op dat moment kreeg je het vage idee dat je 'misschien wel niet goed was in het volgen van een dieet'. Vervolgens probeerde je het opnieuw en faalde je opnieuw, totdat uiteindelijk de beperkende overtuiging 'ik kan me met geen mogelijkheid aan een dieet houden' postvatte.

1. Denk aan een beperkende overtuiging die je op dit moment koestert, een overtuiging die je graag zou willen veranderen.

2. Denk aan een overtuiging waarin je vroeger geloofde, maar die voor jou niet langer waar is.

   Noteer de submodaliteiten van je vroegere overtuiging.

3. Denk aan iets dat jij als een zekerheid beschouwt.

   Als je niets kunt bedenken, probeer dan 'de zon gaat morgen weer op'.

   Noteer ook de submodaliteiten van deze overtuiging.

4. Denk aan een overtuiging die je graag zou hebben.

Deze overtuiging kan tegenovergesteld zijn aan je beperkende overtuiging uit stap 1, maar dan positief geformuleerd.

Noteer de submodaliteiten van de overtuiging die je graag zou hebben.

5. Wijzig de submodaliteiten van je beperkende overtuiging (stap 1) in de submodaliteiten van de overtuiging die voor jou niet meer waar is (stap 2).

6. Wijzig de submodaliteiten van de overtuiging die je graag zou hebben (stap 4) in de submodaliteiten van de overtuiging waarvan je zeker bent (stap 3).

Kijk eens hoe je negatieve overtuiging is veranderd, als deze al niet helemaal is verdwenen!

JARGONALARM

Mocht je je op een bepaald moment tijdens deze of een andere oefening onprettig voelen, dan kun je de ervaring afbreken. Dat houdt in dat je de toestand of gemoedstoestand waarin je verkeert abrupt beëindigt. Je staat op en schudt eens stevig met je lichaam of je loopt door de kamer als je van de ene fase binnen een oefening naar de volgende wilt overschakelen.

Hoofdstuk 7

Werken met de logische niveaus

In dit hoofdstuk:

- Een elementair NLP-model gebruiken om een evenwicht te bereiken
- Je eigen doel in dit leven ontdekken
- Meer vat hebben op je carrière, je leven en jezelf

In dit hoofdstuk maak je kennis met een favoriet model binnen NLP. Dit model toont je hoe je je ervaringen zin geeft, hoe je de meest flexibele aanpak uitwerkt en hoe je inzicht krijgt in het resultaat dat je wilt.

Het model van de logische niveaus kan je behulpzaam zijn bij het uitstippelen van een route in verwarrende tijden doordat je alle levensgebieden opspoort die niet met elkaar in overeenstemming zijn.

Inzicht in logische niveaus

Logische niveaus zijn een krachtige manier om over verandering na te denken door ze te beschouwen als een model dat verschillende categorieën informatie omvat (figuur 7.1). (In de

NLP-literatuur wordt naar deze niveaus eveneens verwezen in de vorm van een *reeks neurologische niveaus*.)

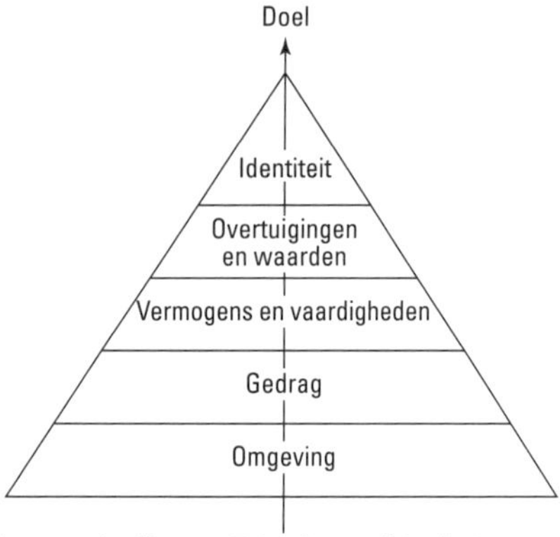

Figuur 7.1: De logische ervaringsniveaus

Hoewel we de niveaus in figuur 7.1 hiërarchisch in een diagram hebben aangeboden, kun je ze ook beschouwen als een netwerk van wederzijdse relaties of als een serie concentrische cirkels. Alle niveaus zijn aan elkaar gekoppeld. Het model probeert slechts structuur aan te brengen en te laten zien hoe het allemaal werkt.

In veel gevallen is het gemakkelijker om de lagere niveaus van het diagram te wijzigen dan de hogere. Elk niveau heeft invloed op de niveaus erboven en eronder; de belangrijkste meerwaarde van het model is dat het een gestructureerde manier is om de structuur van je ervaring te analyseren. En dat is de kern van NLP.

JARGONALARM

NLP'ers gebruiken het woord *congruentie* om te beschrijven hoe je je voelt wanneer je echt jezelf bent. Het betekent dat je je lekker en consistent voelt. De logische niveaus van gedrag, vermogens, overtuigingen, waarden en vaardigheden zijn dan op elkaar *afgestemd*. Let op deze afstemming in mensen en organisaties. In tijden van verandering zal die afstemming hier en daar ontbreken. Mensen gedragen zich dan op een onvoorspelbare manier die geen afspiegeling is van wat ze denken dat juist is.

De juiste vragen stellen

Zodra je over wijzigingen begint na te denken die je graag zou willen doorvoeren, kun je jezelf op de verschillende niveaus, te beginnen vanaf de basis van de piramide (zie figuur 7.1), enkele vragen stellen:

- **Omgeving** heeft betrekking op externe mogelijkheden of beperkingen. Beantwoord de vragen: waar? wanneer? met wie?
- **Gedrag** bestaat uit specifieke handelingen of reacties binnen de omgeving. Beantwoord de vraag: wat?
- **Vermogens** betreffen kennis en vaardigheden, het zo-doe-je-dat dat ons gedrag richting geeft. Beantwoord de vraag: hoe?
- **Overtuigingen en waarden** leveren de bekrachtiging (de motivatie en de toestemming) die onze vermogens ondersteunen of ontkennen. Beantwoord de vraag: waarom?
- **Identiteit** bepaalt ons gevoel van onszelf. Beantwoord de vraag: wie?
- **Doel** overstijgt ons zelfbewustzijn en heeft betrekking op de grotere vraag wat onze missie in dit leven is. Beantwoord de vraag: waarvoor of voor wie?

Logische niveaus stap voor stap bekijken

Je kunt de logische niveaus gebruiken om systematisch na te denken over wat er in de wereld om je heen aan de hand is. Ze zullen je inzicht geven in de structuur, het patroon en de inhoud van diverse kwesties, gebeurtenissen, relaties of organisaties, zoals we in de volgende pagina's zullen uitleggen.

Laten we gewoon eens kijken hoe je dit model kunt toepassen wanneer je wordt geconfronteerd met een dilemma dat moet worden opgelost. Aan de hand van logische niveaus kun je uitzoeken wat de beste werkwijze is. Het proces werkt als volgt:

1. Om te beginnen moet je inzien dat de dingen niet op elkaar zijn afgestemd.

2. Stel vast wat er anders zou kunnen.

   Je doet dit door jezelf enkele vragen te stellen die je precies helpen bepalen waar verandering gewenst is.

3. Zodra je het logische niveau hebt opgespoord, stem je dat niveau weer op de andere niveaus af.

Vaak proberen mensen kwesties op te lossen door het logische niveau (omgeving of gedrag) te wijzigen, terwijl ze feitelijk een afzonderlijk logisch niveau van waarden, overtuigingen of identiteit zouden moeten aanpakken. Evenzo moet je, wanneer je met iemands gedrag moeilijkheden hebt, ervoor zorgen dat je zijn identiteit ongemoeid laat en dat je zijn overtuigingen blijft respecteren.

De juiste hefboom voor verandering bepalen

Carl Jung, een van de invloedrijkste denkers van de twintigste eeuw op het gebied van de psychologie, sprak ooit de beroemde woorden: 'We kunnen pas iets veranderen als we het accepteren. Veroordeling werkt niet bevrijdend, maar onderdrukkend.' Hij had gelijk, aangezien het accepteren dat verandering plaatsvindt de eerste stap is om met verandering om te gaan.

Vervolgens kun je er proactief mee aan de slag en jezelf keuzemogelijkheden scheppen in plaats van af te wachten wat je zal overkomen.

TIP

Om verandering te laten optreden, moet aan drie voorwaarden worden voldaan:

- Je moet willen veranderen.
- Je moet weten hoe de verandering moet worden doorgevoerd.
- Je moet de gelegenheid tot verandering krijgen of scheppen.

Omgeving

De omgeving heeft betrekking op tijd, plaats en mensen. Het is de fysieke context waarin je verkeert. Het gaat over het zoeken naar het juiste tijdstip en de juiste locatie. De timing is waarschijnlijk ook kritiek, want je kunt niet leren als het tijdstip daar niet rijp voor is; misschien word je door andere behoeften in beslag genomen.

Gedrag

Je gedrag heeft te maken met wat je daadwerkelijk doet en zegt en wat je bewust onderneemt. In NLP-termen verwijst gedrag zowel naar wat je denkt als naar je handelingen. NLP wijst er tevens op dat je gedrag een bedoeling heeft. Het heeft een positieve intentie voor je.

Wijzigingen op gedragsniveau zijn gemakkelijk aan te brengen wanneer je een doel voor ogen hebt en het gedrag met je gevoel van identiteit, je overtuigingen en je waarden overeenkomt.

Effectief gedrag maximaliseren

Als je positieve wijzigingen wilt doorvoeren is het de moeite waard gedragingen en gewoonten te ontwikkelen waarbij je baat hebt. Vaak sorteren kleine wijzigingen al effect. Wanneer je afvalt om die nieuwe kleren te kunnen aantrekken, is het eten van een gezonde salade in plaats van een tosti een gewoonte die de moeite waard is om vast te houden. Je vermogens nemen toe als je de juiste gedragingen oefent totdat ze een gewoonte worden.

Ongewenste gedragingen veranderen

Hoe zit het met ongewenste gedragingen, ofwel de dingen die je doet, maar tegelijkertijd niet wilt doen, zoals roken of slechte eetgewoonten? De reden dat ze moeilijk veranderd kunnen worden, is dat ze zijn gekoppeld aan andere, hogere logische niveaus waarop overtuigingen en identiteit een rol spelen.

Om een verandering gemakkelijker te maken kun je een nieuwe identiteit voor jezelf creëren, bijvoorbeeld 'ik ben een gezond iemand', en overtuigingen als 'ik kan de juiste gewoonten ontwikkelen om goed voor mezelf te zorgen'.

Vermogens en vaardigheden

Vermogens zijn je talenten en vaardigheden. Door mensen en organisaties worden ze als uiterst waardevol beschouwd. Het betreft gedragingen die je zo goed doet dat je ze consistent en schijnbaar moeiteloos kunt uitvoeren. Handelingen zoals praten en lopen zijn vaardigheden die je zelfs hebt aangeleerd zonder ooit te begrijpen hoe je dat deed. Van nature ben je een fantastische leermachine. Andere dingen heb je bewuster aangeleerd.

NLP heeft veel aandacht voor het vermogensniveau en gaat daarbij uit van de veronderstelling dat alle vaardigheden kunnen worden aangeleerd. NLP neemt aan dat alles mogelijk is, mits het maar in hapklare brokken ofwel chunks wordt opgesplitst.

De hamvraag is steeds 'hoe kan ik dat doen?' Houd dit tijdens je dagelijkse bezigheden in gedachten. De NLP-aanpak is dat je, door anderen en jezelf te modelleren, meer voor verandering gaat openstaan en je eigen vermogens gaat ontwikkelen. Als je iets goed wilt doen, zoek dan om te beginnen iemand anders op die het goed doet en let zorgvuldig op al haar logische niveaus.

Naarmate je meer vermogens opbouwt, opent de wereld zich voor je. Je bent in staat grotere uitdagingen aan te gaan of de problemen waarmee je momenteel worstelt, beter het hoofd te bieden.

Overtuigingen en waarden

Overtuigingen en waarden sturen je leven, ook al ben je je daarvan niet bewust. Wat jij als waarheid beschouwt, zal vaak verschillen van wat ik als waarheid beschouw. We praten hier niet over een overtuiging in godsdienstige zin, maar over je waarneming op een diep en vaak onbewust niveau. Je overtuigingen en waarden veranderen in de loop van de tijd.

Waarden zijn de dingen die belangrijk voor je zijn, de dingen die je motiveren om 's morgens vroeg (of niet vroeg) op te staan. Het zijn criteria zoals gezondheid, rijkdom of geluk. Overtuigingen en waarden en de manier waarop we ze in volgorde van belangrijkheid waarderen, verschillen van mens tot mens. Daarom is het zo moeilijk om een heel team op één bepaalde manier te motiveren. Als het op overtuigingen en waarden aankomt, zitten we niet allemaal in hetzelfde schuitje.

Waarden zijn eveneens regels die ons op het sociaal acceptabele 'rechte' pad houden. Ik streef misschien grotere rijkdom na, maar mijn waarden op het gebied van eerlijkheid beletten me om van anderen te stelen. Soms zal er een conflict optreden tussen twee belangrijke waarden, bijvoorbeeld tussen je gezinsleven en je werk.

Als er veranderingen moeten worden aangebracht is het van groot belang om inzicht in overtuigingen en waarden te hebben. Wanneer mensen aan iets waarde hechten of geloven dat het echt belangrijk voor ze is, is dit een belangrijke drijfveer voor verandering. Ze concentreren zich op wat echt belangrijk voor ze is, ze doen wat ze echt willen doen en ze komen dichter bij degene die ze echt willen zijn. Ze bevinden zich op een plek die goed en natuurlijk aanvoelt. Overtuigingen en waarden leiden ons en beïnvloeden onze vermogens, gedrag en omgeving op de lagere niveaus. Op die manier beginnen alle niveaus met elkaar in overeenstemming te komen.

Wanneer je je overtuigingen over jezelf kritisch bekijkt, kun je ervoor kiezen om de overtuigingen waar je niets meer aan hebt, overboord te gooien.

Identiteit

Identiteit beschrijft je gevoel van wie je bent. Je uit jezelf dan wel via je overtuigingen, waarden, vermogens, gedrag en omgeving, maar toch ben je meer dan dat. NLP neemt aan dat de *identiteit* van mensen gescheiden is van hun *gedrag* en raadt je aan jezelf bewust te blijven van het verschil. Met andere woorden, jij bent meer dan wat je doet.

TIP

Als je feedback wilt geven om te leren en betere prestaties aan te moedigen, geef dan specifieke feedback over wat iemand heeft gezegd of gedaan in termen van zijn *gedrag* in plaats van commentaar op het *identiteitsniveau* te leveren.

BELANGRIJK

Een groter zelfbewustzijn betekent een waardevol inzicht in elk persoonlijk veranderingstraject. Maar al te vaak proberen mensen andere mensen te veranderen, terwijl een verandering van zichzelf een effectiever uitgangspunt zou zijn.

Levensdoel

Dit boven identiteit uitstijgende niveau verbind je met de grote lijnen als je je afvraagt wat je doel, ethiek, missie en betekenis in je eigen leven is. Het is het spirituele aspect van mensen en hun idee over hun plaats in het grotere verband der dingen.

Naarmate we ouder worden en in andere fasen van ons leven belanden, gaan we ons steeds meer afvragen hoe we ons leven leiden. Soms is er een prikkel die tot onze verbeelding spreekt en ons tot handelen aanzet.

Wanneer je met een zinvol doel voor ogen te werk gaat, let er dan eens op hoezeer je niet te stoppen bent. Je bent dan in de beste positie om op alle logische niveaus waarachtige afstemming tot stand te brengen.

De niveaus van andere mensen achterhalen

De intonatie die mensen gebruiken of de manier waarop ze praten kan je meedelen op welk niveau ze momenteel opereren. Neem het eenvoudige zinnetje 'ik kan dat hier niet doen' en luister naar waar ze de klemtoon leggen.

Ik kan dat hier niet doen = bewering over identiteit.

Ik *kan* dat hier niet doen = uitspraak over vermogen.

Ik kan *dat* hier niet doen = uitspraak over gedrag.

Ik kan dat *hier* niet doen = uitspraak over omgeving.

Ik kan dat hier *niet* doen = uitspraak over overtuiging.

Als je het niveau kent waarop mensen opereren, kun je ze helpen om op dat niveau veranderingen aan te brengen. In het geval dat ze op omgevingsniveau opereren, stel je de vraag 'als je het *hier* niet kunt doen, waar kan je het wél doen?' Op identiteitsniveau luidt de vraag 'als *jij* er niet toe in staat bent, wie kan het dan wél?'

Een oefening in logische niveaus: teambuilding op het werk en in je vrije tijd

We hebben al eerder gezegd dat NLP proefondervindelijk is. Dit houdt in dat je regelmatig fysiek of mentaal (en soms zowel fysiek als mentaal) in beweging moet komen, wil je bij een NLP-oefening baat hebben. NLP-goeroe Robert Dilts verwoordt dat als volgt: 'Kennis is slechts een gerucht, totdat je je spieren laat werken.'

Deze oefening helpt jou en je team optimaal te brainstormen. Leg een paar velletjes papier op de grond en neem de diverse niveaus door of maak zoals in de volgende oefening van stoelen gebruik. Je kunt dit op barokmuziek doen om de ideevorming te bevorderen of van de oefening een soort stoelendans maken. Laat iemand de ideeën op een flip-over noteren.

1. Laat één persoon de oefening leiden, de vragen stellen en de antwoorden in ontvangst nemen.

   Deze persoon is de vragensteller.

2. Zet zes stoelen naast elkaar. Plaats op elke stoel een label dat het logische niveau aangeeft.

3. Laat elk van de teamleden op een stoel plaatsnemen.

4. Laat de vragensteller elke persoon vragen stellen die in overeenstemming zijn met de stoel (het niveau) waarop ze zitten.

   Dit zijn de vragen die aan het team op elk niveau moeten worden gesteld:

   - **Omgevingsstoel:** Waar, wanneer en met wie werkt dit team het beste?
   - **Gedragsstoel:** Wat doet dit team goed?
   - **Vermogensstoel:** Hoe doen we wat we doen wanneer we goed werken?
   - **Overtuigingen-en-waardenstoel:** Waarom is dit team hier? Wat is belangrijk voor ons?
   - **Identiteitsstoel:** Wie is dit team?
   - **Doelstoel:** Hoe draagt dit team bij aan de grote lijnen? Wat betekent ons doel voor anderen?

5. Nadat alle teamleden hun vraag hebben beantwoord, verhuizen ze naar een andere stoel. Herhaal daarna de vragen.

TIP

Zorg ervoor dat alle mensen betrekkelijk snel verhuizen. Ze kunnen altijd een tweede keer bijeenkomen. Zodra je het brainstormen hebt voltooid, is de volgende stap dat je alle informatie zeeft en doorneemt die je hebt verzameld om patronen en nieuwe ideeën op te sporen waarmee je je kracht als team kunt vergroten.

Hoofdstuk 8

Gewoonten en automatismen: je geheime programma's onthuld

In dit hoofdstuk:

- Inzicht in de psychologie achter je gewoonten en gedragingen
- Strategieën ontdekken om de communicatie te verbeteren
- Leren goed te spellen

Als je 's morgens opstaat, poets je dan eerst je tanden of ga je eerst douchen? Net als alle andere mensen heb je een bepaalde strategie, in dit geval een opeenvolging van stappen, om routinehandelingen uit te voeren, of dat nu brood snijden, je handen wassen of je belastingformulier invullen is. En net als de meeste andere mensen ben je jezelf er misschien niet eens bewust van dat je dingen op de automatische piloot doet.

Een *strategie* is een willekeurige interne of externe verzameling ervaringen die consistent een specifiek resultaat produceert.

Strategieën hanteer je bij al je gedragingen: je bemind voelen, houden van je partner, ouder, kind of huisdier, iemand haten, geïrriteerd raken over je dochter, je favoriete parfum kopen, leren autorijden, slagen, falen, gezondheid, geluk enzovoort.

Misschien vraag je jezelf van tijd tot tijd af: 'Waarom heb ik op sommige gebieden van mijn leven succes en op andere gebieden veel minder?' Nou, je merkt bijvoorbeeld dat je simpelweg minder effectieve strategieën hanteert op de terreinen waar je minder succesvol bent. Het mooie is echter dat je, zodra je eenmaal beseft dat je een ondoelmatige strategie volgt, over de middelen beschikt om zo'n minder effectieve strategie te veranderen. Sterker nog: je kunt een goed werkende strategie van iemand anders opsporen en die strategie kopiëren!

De evolutie van strategieën

Het NLP-strategiemodel heeft een evolutieproces doorgemaakt. Het begon met gedragspsychologen als Watson, Skinner en Pavlov, werd vervolgens verbeterd door de cognitieve psychologen Miller, Galanter en Pribram en ten slotte verfijnd door de NLP-stichters Grinder en Bandler.

Het S-R-model

In het begin van de twintigste eeuw baseerden gedragspsychologen hun werk op onderzoek naar het gedrag van mensen en dieren. Ze namen aan dat mensen op prikkels reageerden of reacties ontwikkelden via conditionering of bekrachtiging. Het beroemdste onderzoek was dat van Pavlov en zijn honden. De honden hoorden een bel die voedsel (de prikkel ofwel de stimulus) aankondigde, waarna ze kwijlden (reactie). Na enige tijd kwijlden de honden alleen al bij het horen van de bel (zonder dat ze voedsel kregen). Gedragspsychologen waren van mening dat mensen op soortgelijke wijze op prikkels reageerden.

Hoewel de ideeën van de gedragspsychologen nog steeds van invloed zijn bij gedragsveranderingen, zijn de meeste mensen het er globaal over eens dat mensen vanwege hun vermogen om te denken toch wel wat ingewikkelder in elkaar zitten.

Het TOTE-model

Miller, Galanter en Pribram bouwden voort op het S-R-model van het behaviorisme en presenteerden het TOTE-model (TOTE is de afkorting van Test, Operate, Test, Exit). Het TOTE-model werkt vanuit het idee dat je een doel in gedachten hebt wanneer je een bepaald gedrag vertoont. Het doel van je gedrag is om het gewenste resultaat zo dicht mogelijk te benaderen. Je test daarbij je strategie om vast te stellen of je je doel hebt bereikt. Als je doel is bereikt, stop je met het gedrag. Als het doel niet is bereikt, verander je het gedrag en herhaal je het, waardoor het model een eenvoudige feedback- en reactielus bevat.

NLP-strategie = TOTE + modaliteiten

JARGONALARM

Je ervaart de wereld via je vijf zintuigen: visueel (ogen), auditief (oren), kinesthetisch (gevoelens en tast), olfactorisch (reuk) en gustatorisch (smaak). Dit zijn je *representatiesystemen* (kortweg *rep-systemen*) ofwel *modaliteiten. Submodaliteiten* zijn de verschillende kwaliteiten die tezamen een modaliteit vormen. Als je je bijvoorbeeld een beeld voor de geest haalt, maak je gebruik van je visuele representatiesysteem (visuele modaliteit). Je kunt de kwaliteiten of submodaliteiten van het beeld aanpassen door het beeld groter of helderder te maken of door het dichterbij te halen.

Bandler en Grinder namen rep-systemen (modaliteiten) en submodaliteiten op in de test- en operatefase van het TOTE-model en verfijnden dat verder tot het NLP-strategiemodel. Volgens Bandler en Grinder zijn het doel dat je hebt wanneer je een strategie initieert en de middelen waarmee je vaststelt of de strategie al dan niet heeft gewerkt, afhankelijk van combinaties van *jouw* modaliteiten. Wanneer je aan je doel denkt, vorm je je er een beeld van, je produceert een geluid dat je hoort in je hoofd of je krijgt een bepaald gevoel.

Zodoende beoordeel je succes aan de hand van het feit of je al dan niet voelt, hoort of ziet wat je je via de submodaliteiten probeert voor te stellen.

Oog hebben voor de strategie van anderen

De fasen van een strategie verschillen duidelijk van elkaar. Deze fasen kunnen de fasen Test 1 (prikkel), Operate, Test 2 (vergelijk) en Exit zijn.

Zodra een strategie in je neurologie is ingebed, ben je je nauwelijks meer van de stappen van die strategie bewust. Toch kun je, als je maar weet waar je naar zoekt, de strategie van andere mensen te weten komen. Je kijkt gewoon naar hun oogbewegingen.

BELANGRIJK

Je kunt een redelijk goede indruk krijgen van hoe iemand denkt (beelden, emoties enzovoort) door naar zijn ogen te kijken. Over het algemeen bewegen de ogen van mensen op de volgende manier.

Wanneer ze dit doen	doen hun ogen het volgende
Een plaatje herinneren	Beweging naar linksboven
Een plaatje creëren	Beweging naar rechtsboven
Een geluid of gesprek herinneren	Horizontale beweging naar links
Zich voorstellen hoe een geluid klinkt	Horizontale beweging naar rechts

Emoties oproepen	Beweging naar beneden en dan naar rechts
Tegen zichzelf praten	Beweging naar beneden en dan naar links

Hoe iemands oogbewegingen verlopen, kan afhangen van de links- of rechtshandigheid van die persoon. Linkshandige mensen kijken soms naar rechtsboven als ze zich iets visueel voorstellen. Dus als je erachter probeert te komen welke strategie mensen hanteren, kun je het beste hun reacties ijken door een paar onschuldige vragen te stellen, bijvoorbeeld: 'Welke route heb je genomen om hier te komen?' Je dwingt ze daarmee tot visueel herinneren en dat levert een aanwijzing op over welke oogstrategie ze hanteren.

Je strategiespieren oefenen

Je hele leven door ontwikkel je strategieën. De meeste elementaire strategieën (lopen, eten, drinken, vrienden maken) komen tijdens je jeugd tot stand. Andere strategieën ontwikkel je wanneer je met nieuwe levensomstandigheden wordt geconfronteerd. Soms ontwikkel jij een minder effectieve strategie dan een ander, omdat die ander over meer informatie beschikt of een betere leraar heeft gehad.

Als je kunt beseffen dat jouw strategie wellicht ruimte voor verbetering biedt, kun je daar profijt van hebben. Bijvoorbeeld: als jouw collega hetzelfde werk doet en meer verdient dan jij, komt dat dan omdat ze haar succes beter aan haar bovengeschikte kan verkopen? Zo ja, dan dien je haar strategie te achterhalen en over te nemen.

Stel jezelf een zogeheten welgevormd resultaat ten doel op een gebied in je leven waarin je je wilt bekwamen in plaats van het jezelf kwalijk te nemen wanneer je een niet zo'n beste strategie bij jezelf ontdekt. Zo'n resultaat kun je gemakkelijker formuleren door de taak in kleinere stappen op te splitsen. Als je iets heel snel wilt leren, ga dan op zoek naar mensen die het al kunnen, ga met ze om en ontdek hun strategie.

Nieuwe vaardigheden aanleren

In hoofdstuk 7 bekijken we het logischeniveausmodel van NLP, waarmee je de structuur van je ervaring op de volgende verschillende manieren kunt bekijken:

- Identiteit
- Waarden en overtuigingen
- Vermogens en vaardigheden
- Gedrag
- Omgeving

Je strategieën hebben betrekking op het niveau Vermogens en vaardigheden, al zijn er soms ook veranderingen op de andere niveaus nodig.

Strategieën wijzigen

Strategieën kun je veranderen. Wiens doel wordt er bijvoorbeeld gediend wanneer je steeds boos wordt in het verkeer? Zeker niet het jouwe. Vooral niet als je weet hoeveel fysieke schade boosheid en stress aan je lijf kan toebrengen. Is een andere strategie niet iets voor jou? Bijvoorbeeld zoiets als:

1. **Test 1 (prikkel).** Iemand die je snijdt.

2. **Operate.** In plaats van je beste vloeken en obsceenste gebaren op te roepen, denk je aan de zon die vijf miljard jaar geleden in een planetaire nevel belandde, op een moment dat al deze woede volledig zinloos was. Glimlach tegen jezelf en geniet van het leven.

3. **Test 2 (vergelijk).** Werkt deze strategie waarbij je positief blijft? Zo ja, ga dan over tot de laatste stap. Zo nee, keer dan terug naar je vorige stap en probeer een andere strategie, bijvoorbeeld veronderstellen dat de ander meer haast heeft om op tijd op een afspraak te komen dan jij. Of complimenteer jezelf dat je je leven beter in de hand hebt.

4. **Exit.** Kies ervoor om je eigen agenda te volgen en beëindig het proces.

BELANGRIJK

Chinese beoefenaars van Qigong weten dat de 'interneglimlachmethode' je weerstand groter maakt, je hersenen efficiënter laat werken, bloeddrukverlagend werkt en angst en eenvoudige depressies kan verminderen.

Hoe, daar gaat het om

NLP is meer geïnteresseerd in processen (hoe je iets doet) dan in de inhoud van je ervaring. Dus de kwestie is niet dat je boos wordt wanneer je met badminton verliest (inhoud), maar *hoe* je met boosheid omgaat wanneer je met badminton verliest (proces).

Omdat NLP zich bezighoudt met het hoe, is het mogelijk een strategie te wijzigen die je niet de gewenste resultaten oplevert. Dus in plaats van je racket kapot te smijten, kun je ook jezelf inbeelden dat je geld pint voor een nieuw racket door een visueel beeld te scheppen. En aangezien strategieën kunnen worden gewijzigd, kun je de manier waarop je iets goed doet, modelleren om op andere levensterreinen waar je minder lekker in je vel zit, verbeteringen aan te brengen.

Ga na op welk levensterrein je succes hebt en stel jezelf de vraag: 'Welke geslaagde strategie volg ik hier?' We noemen deze oefening het alsof-spel. Stel dat je jezelf een redelijk goede badmintonspeler vindt en dat je altijd al wilde gaan hardlopen. Maar steeds wanneer je met hardlopen begon, stopte je er weer mee omdat het niet echt lekker ging. Nu ga je echter aan hardlopen denken 'alsof' je badminton speelt. Terwijl je de strategieën nagaat die je volgt wanneer je badminton speelt, realiseer je jezelf dat je ademhaling en mentale focus wanneer je op de baan rondrent, verschillen van wanneer je een eind hardloopt. Door tijdens het hardlopen de strategieën te gaan volgen die je ook bij het badmintonnen hanteert, kun je tot de ontdekking komen dat je wens om een betere hardloper te worden in vervulling gaat.

NLP-strategieën voor liefde en succes

Wat je ook doet, je doet het omdat je een strategie (gewoonlijk onbewust) hebt aangeleerd of er een hebt ontwikkeld om dat gedrag uit te voeren. Als bijvoorbeeld je ene oog zwakker is dan het andere, heb je (eveneens onbewust) geleerd om de letters direct voor je beste oog te houden door je hoofd iets te draaien.

Ware liefdesstrategie

Iedereen hanteert een bepaalde strategie om zich echt bemind te voelen. We noemen dit de ware liefdesstrategie. Als we iemand ontmoeten die aan deze ware liefdesstrategie kan voldoen, bingo! Het leven is dan opeens een en al rozengeur en maneschijn.

Wanneer je iemand ontmoet tot wie je je aangetrokken voelt of die je interessant vindt, schakel je direct al je zintuiglijke modaliteiten in:

- **Visueel.** Je probeert er leuk uit te zien. Misschien draag je kleren in de kleuren die door je aanbedene op prijs worden gesteld. Je kijkt de ander in die verrukkelijke blauwe (groene, bruine) ogen.
- **Auditief.** Je spreekt op omfloerste toon en je zegt woorden waarvan je denkt dat de ander ze wil horen.
- **Kinesthetisch.** Jullie houden elkanders hand vast. Je streelt elkaar.
- **Olfactorisch.** Ik hoop dat je je niet te overdadig hebt geparfumeerd. Je hebt met mondwater gegorgeld.
- **Gustatorisch.** Dinertjes bij kaarslicht met kruidige spijzen om te illustreren dat iemand echt speciaal is.

Je slaat de door jou gewenste persoon aan de haak en je wandelt hand in hand over het strand terwijl de zon ondergaat. Maar dan, na enige tijd, ontstaan er niettemin lichte meningsverschillen. Wat gaat er toch verkeerd, denk je dan. Nou, eigenlijk niets. Misschien zijn jij en je partner gewoon teruggevallen op de modaliteiten waarin jullie bij voorkeur opereren. Dus op momenten waarop de vrouw hunkert naar knuffels die bewijzen dat hij zielsveel van haar houdt, bewijst de man bijvoorbeeld zijn liefde voor haar door alles voor haar te doen wat hij kan, bijvoorbeeld door alle reparatieklusjes in huis op te knappen, de auto te wassen en tijdig te tanken.

Als je wilt weten welke strategie je partner hanteert om zich bemind te voelen, zeg dan bijvoorbeeld: 'Je weet dat ik veel van je hou. Waardoor zou je het gevoel krijgen dat ik je nóg meer bemin?' Let wederom op de lichaamshouding en de oogbewegingen. Als de ander 'eh, dat zou ik niet direct weten' antwoordt, terwijl de ogen intussen naar rechtsonder gaan (K), duidt dit wellicht op een grotere behoefte aan knuffelen. Probeer die hypothese maar eens uit. Als de ogen in horizontale richting naar links gaan, vraag dan wat ze je graag hoort zeggen of welke muziek ze op prijs zou stellen.

BELANGRIJK

Onthoud de volgende dingen:

- Stel de vraag niet op momenten van zware stress, bijvoorbeeld tijdens grote verkeersdrukte, want we geven je op een briefje dat je dan geen aardige reactie krijgt.
- IJk de reactie die je krijgt wanneer je iets voor de ander doet. Krijg je die speciale reactie wanneer je met een bos rozen thuiskomt?

JARGONALARM

In NLP is *ijken* het proces waarmee je de reactie van iemand anders op je communicatie vaststelt. De meeste reacties zijn echter erg subtiel: een afkeurende blik, gefronste wenkbrauwen, een blos op de wangen, op elkaar geklemde kaken. Een meestercommunicator moet in staat zijn om dit soort dingen vast te stellen, vooral bij combinaties van signalen; zo kan een glimlach plus een peinzende blik erop wijzen dat de ander je niet begrijpt, maar te beleefd is om dat tegen je te zeggen.

Er gaat niets boven positieve feedback om je eigen strategie te laten slagen, dus laat je partner weten wanneer die raak heeft geschoten, vooral als je de ware liefdesstrategie van je partner kent.

De NLP-spellingstrategie

Wat voor andere strategieën geldt, geldt ook voor de spelling. Spellen is een uiterst visueel proces. Als je jezelf tot de goede spellers rekent, zul je gewoonlijk naar linksboven kijken (visueel-herinnerd) wanneer je het te spellen woord visualiseert.

Dit betekent dat je afbeeldingen van woorden hebt gememoriseerd en die woorden in een mentale bibliotheek hebt opgeslagen. Je raadpleegt die bibliotheek wanneer je woorden spelt.

Gewoonlijk is fonetisch proberen te spellen een ondoelmatige spellingstrategie. Je kijkt omlaag en je raakt in je gevoelens verstrikt (kinesthetisch) of je kijkt zijwaarts om je te herinneren hoe een woord klinkt (auditief).

Als je fonetisch spelt en je het beter wilt doen, probeer dan het volgende:

1. Denk aan een woord dat je wilt leren spellen. Schrijf het vervolgens in grote letters op en houd het bij de hand.

2. Denk aan een woord waarvan je weet dat je het correct kunt spellen.

   De reden waarom we je vragen een woord te spellen dat je al kunt spellen, is dat we een goed gevoel in je willen aanwakkeren. Helaas leren je onderwijzers je niet altijd de goede spellingstrategie aan wanneer je leert spellen. Daarom word je wellicht gebrandmerkt als 'niet bepaald de knapste van de klas'. Dus wanneer je wordt gevraagd om een woord te spellen, voel jij je niet prettig. Na verloop van tijd kan spellen synoniem worden aan een slecht gevoel. Het kan je identiteit beïnvloeden ('ik ben een slechte speller' of, erger nog, 'ik ben een slechte leerling'). Geef jezelf de ruimte om opduikende negatieve overtuigingen te herkennen en wees een beetje mild voor jezelf.

3. Beweeg je ogen om je visueel iets te herinneren (dus gewoonlijk naar linksboven) en vorm je een beeld van het woord dat je correct kunt spellen.

   Weten dat je het woord kunt spellen levert een positief gevoel op (tevreden, vol vertrouwen, prettig enzovoort).

4. Breng dat positieve gevoel in het centrum van je aandacht; concentreer je erop en versterk het. Haal vervolgens diep adem en probeer het nog intenser te maken.

5. Werp nu een snelle blik op het woord dat je wilt leren spellen.

6. Terwijl je het positieve gevoel vasthoudt, beweeg je je ogen naar linksboven en vorm je een beeld van het woord dat je wilt leren spellen.

   Let erop dat je een duidelijk, helder, groot beeld van het woord vormt, en dat je *echt* naar het woord kijkt.

7. De volgende keer dat je het woord wilt spellen, beweeg je je ogen in de richting van visuele herinneringen. Kijk eens aan! Daar verschijnt het woord al voor je geestesoog en nu begin je echt te geloven dat je kunt spellen, nietwaar?

TIP

Bij een bespreking van deze simpele spellingstrategie ontdekte Kate dat ze van visuele herinneringen gebruikmaakt om telefoonnummers, boodschappenlijstjes en afspraken te onthouden. Probeer deze methode eens om je te herinneren waar je je sleutels hebt gelaten of om tafels van vermenigvuldiging uit het hoofd te leren.

Hoofdstuk 9

Reizen in de tijd om je leven te verrijken

In dit hoofdstuk:

- Inzicht in je tijdlijn krijgen
- Opvattingen wijzigen door op je tijdlijn terug te gaan
- Leren om je toekomst langs je tijdlijn te creëren

> *Tijd is een essentieel onderdeel van het culturele, sociale en privéleven. Feitelijk kan er buiten een soort tijdframe niets plaatsvinden.*
>
> *The Dance of Life* (Edward T. Hall, Anchor, 1984)

Tijd heeft een merkwaardige elastische kwaliteit. De tijd lijkt vaak voorbij te vliegen als je in iets interessants bent verdiept, maar kan op verveelde momenten ook met de snelheid van een slak verlopen. Ben jij een van die relaxte mensen die over alle tijd van de wereld beschikt, of een gehaast persoon die altijd tijd tekort komt? Misschien is tijd, net als geld, afhankelijk van waarop je je aandacht richt. Hoewel een etmaal voor rijk en arm, oud en jong uit vierentwintig uren bestaat, zijn er aanzienlijke verschillen tussen mensen wat hun subjectieve waarneming van de tijd betreft. Sommigen lopen vast in het verleden, anderen hebben hun blik standvastig op de toekomst gericht en weer anderen leven gewoon in het nu.

De Amerikaans-Europese kijk op tijd is een product van de industriële revolutie, toen mensen op een bepaald tijdstip in de fabriek aanwezig moesten zijn. Tijd is lineair; na de ene gebeurtenis volgt de andere. In Zuid-Amerika, de Arabische landen en andere landen op het zuidelijk halfrond heeft tijd een multidimensionale structuur, waardoor mensen dingen tegelijk kunnen doen. Beide opvattingen over tijd hebben sterke en zwakke punten en kunnen in principe tot interculturele conflicten leiden.

Tijd geeft bovendien betekenis aan herinneringen. Met behulp van NLP-technieken kun je de betekenis van herinneringen wijzigen door hun kwaliteit en relatie tot de tijd te wijzigen. In dit hoofdstuk laten we zien hoe tijdlijnmethoden je in staat stellen om met tijd en herinneringen te werken. Dat is erg handig omdat je jezelf op die manier van negatieve emoties en beperkende beslissingen kunt verlossen. Deze hulpmiddelen reiken je manieren aan om de toekomst te creëren die je het liefst wilt hebben, zonder de invloed van verlammende herinneringen aan het verleden.

Hoe je herinneringen zijn geordend

PROBEER DIT

Denk aan iets dat je regelmatig doet, bijvoorbeeld een boek lezen, naar een winkelcentrum rijden, aan je bureau werken, buitenshuis eten of je tanden poetsen. De gebeurtenis dient aan de volgende voorwaarden te voldoen: je kunt je herinneren dat je het in het verleden hebt gedaan, je kunt je voorstellen dat je het in het heden doet, en je kunt je voorstellen dat je het in de toekomst doet. Terwijl je je herinnering oproept of je voorstellingsvermogen gebruikt, ken je er zintuiglijke gegevens aan toe zoals geluiden, beelden of gevoelens. Wanneer je bijvoorbeeld een beeld uit het verleden oproept, merk je ook een verschil in de kwaliteit van de beelden op, wat te maken heeft met helderheid, kleur, beweging, twee of drie dimensies enzovoort. Deze kwaliteiten of attributen worden submodaliteiten genoemd.

Door in het verleden te duiken om een herinnering te bekijken en daarna naar de toekomst over te schakelen (zij het met een tussenstop in het heden), heb je zojuist een kleine tijdreis 'over land' gemaakt.

Door je te vragen om over deze attributen na te denken proberen we je te laten beseffen dat in je herinneringen structuur aanwezig is. Je weet of een herinnering uit het verleden komt of dat je voor je geestesoog een ervaring creëert.

Mensen hebben een verschillende kijk op de tijd; sommigen hechten sterk aan het verleden, anderen blikken vooral de toekomst in en sommigen leven in het nu. Uit onderzoek van professor Philip Zimbardo blijkt dat je kijk op de tijd grotendeels onbewust is, maar niettemin een aanzienlijke invloed op je gedrag kan hebben. Weten of je eigen voorkeur naar het verleden, het heden of de toekomst uitgaat om vervolgens de balans in evenwicht te brengen, kan een dramatische invloed op je mate van geluk en succes hebben.

JARGONALARM

Als we je zouden vragen om te omschrijven waaruit je bestaat, zou je als vrouw misschien antwoorden 'zonnegloren en een zucht van de ziedende zee' of als man 'huid, haar en 90 procent water'. Maar jij, de hele persoon, bent veel meer dan de som van je delen. Dit is wat met de term *Gestalt* wordt bedoeld. De definitie van Gestalt is: een structuur of patroon dat niet louter uit de samenstellende delen kan worden afgeleid. Dus denkend aan jou nemen de hersenen van iemand anders de sprong van je delen naar het gehele jij.

Je herinneringen zijn geordend in een Gestalt. Geassocieerde herinneringen vormen een Gestalt, hoewel er ook een Gestalt kan worden gevormd wanneer je een gebeurtenis (een zogeheten Significante Emotionele Gebeurtenis, kortweg SEE) ervaart die voor het eerst een emotionele reactie oproept. De

SEE wordt ook wel een *grondoorzaak* genoemd. Als je een soortgelijke gebeurtenis ervaart en daarop op eenzelfde wijze reageert, koppel je de beide gebeurtenissen. Dit gaat zo door en voor dat je het weet heb je een keten.

William James, een van de pioniers van de psychologie, vergeleek herinneringen met een parelketting, waarbij elke verwante herinnering via de ketting aan een vorige en volgende herinnering is gekoppeld. Als je tijdens het werken met je tijdlijn de ketting breekt vóór het optreden van de eerste herinnering, valt de Gestalt uiteen.

Je tijdlijn ontdekken

Herinneringen zijn geordend in een patroon. Als we je zouden verzoeken om in de richting te wijzen van waaruit de herinnering uit het verleden kwam, waarheen zou je dan wijzen? En waarheen wijs je als je zou moeten wijzen naar het beeld van datgene wat je in de toekomst wilt doen? Let daarbij op waarheen je nu wijst. Zou je ook kunnen aanwijzen waar jouw beeld van het heden zich bevindt? Als je een lijn tussen het beeld van het verleden, het beeld van het heden en het beeld van de toekomst trekt, heb je je eigen *tijdlijn* gemaakt.

Mensen identificeren hun verleden vaak als achter zich liggend en hun toekomst als voor hen liggend. Sommige mensen hebben een V-vormige tijdlijn. Bij anderen ligt het verleden links en de toekomst rechts; heel interessant zoals je in hoofdstuk 2 kunt ontdekken. Links is namelijk de richting van de oogbeweging bij de meeste mensen wanneer ze zich iets willen herinneren, terwijl ze naar rechts een oogbeweging maken wanneer ze zich iets willen voorstellen dat niet werkelijk is. Ook is het opmerkelijk dat sommige mensen hun tijdlijn geografisch ordenen, met hun verleden bijvoorbeeld in Pieterburen, Poperinge of Paramaribo en hun heden op de plek waar ze momenteel wonen. Hun toekomst ligt mogelijk op de plaats waarheen ze willen verhuizen.

Het idee is dat je een lijn vindt die je verleden en toekomst met elkaar verbindt. Hoe je dat doet is niet van invloed op het eindresultaat.

Als je dat gemakkelijker vindt, teken dan een denkbeeldige lijn op de grond, vertrouw op je onbewuste en loop langs de lijn vanaf de plek waar je het verleden voelt liggen naar de plek waar je voelt dat je toekomst is.

Lopen langs een tijdlijn kan moeilijk zijn in een beperkte ruimte, bijvoorbeeld in een kleine kamer. Deze oefening illustreert hoe je je tijdlijn in je hoofd kunt visualiseren door 'omhoog te zweven' vanaf de plek waar je je ontspant om een duidelijk overzicht te krijgen van de tijdlijn die zich onder je uitstrekt.

1. Denk aan een gebeurtenis die je onlangs hebt ervaren.
2. Adem nu diep in en ontspan je zo diep mogelijk.
3. Stel jezelf voor dat je omhoog zweeft, boven je heden en boven de wolken, in de stratosfeer.
4. Stel de tijdlijn onder je voor, als een lint en zie jezelf op de tijdlijn staan.
5. Zweef nu terug over je tijdlijn totdat je je direct boven de onlangs ervaren gebeurtenis bevindt.
6. Je kunt daar zolang blijven zweven als je wilt, totdat je besluit terug te zweven naar het heden en omlaag naar je eigen lichaam.

We hopen dat je van deze proefvlucht hebt genoten. Onthoud deze procedure want je zult er nog vaak gebruik van maken.

Je tijdlijn veranderen

Toen je je tijdlijn te pakken had, zoals in de voorgaande paragraaf werd beschreven, waar bevond deze zich toen in relatie tot jou? Liep de lijn bijvoorbeeld door je lichaam, dan ben je een in-de-tijd-persoon. Of liep hij voor je langs, zodat je de hele tijdlijn voor je kon zien liggen, in dat geval ben je een door-de-tijd-persoon. De vorm van je tijdlijn kan diverse persoonlijkheidstrekken beïnvloeden. Als je een door-de-tijdtijdlijn hebt, hanteer je een Amerikaans-Europees tijdmodel, wat betekent dat je de volgende tendenties kunt hebben:

- Je bent in staat om emoties van gebeurtenissen te scheiden.
- Bij afspraken wil je op tijd komen.
- Je bent doelgericht.
- Je bent goed in het plannen van activiteiten.
- Leven in het nu is moeilijk voor jou.
- Je bent je zeer bewust van de waarde van tijd.

Als iemand met een in-de-tijdtijdlijn beschik je waarschijnlijk over de volgende vermogens en tendenties:

- Je bent creatief.
- Je bent goed in multitasking.
- Je gaat op in je huidige ervaring.
- Je ervaart je emoties erg intensief.
- Je leeft graag in het nu.
- Je houdt je mogelijkheden bij voorkeur open.

- Je handelt spontaan.
- Je plant niet erg ver vooruit.

Je kunt de oriëntatie van je tijdlijn wijzigen, waardoor je een andere geestesgesteldheid ervaart zonder een van de herinneringen of gebeurtenissen te wijzigen waaruit die tijdlijn bestaat. Als je een in-de-tijdpersoon bent en je volgens een rooster te werk moet gaan, kun je er baat bij hebben om je tijdlijn zo te draaien dat je door-de-tijd bent en je de hele tijdlijn voor je hebt. Als je een workaholic bent en je eens een avond met je partner wilt doorbrengen, waarom zou je dan niet doen alsof je tijdlijn de andere kant van je voordeur is, en word je een in-de-tijdpersoon zodra je je voordeur binnenstapt?

Beoefen het switchen van tijdlijn alleen wanneer je je veilig voelt en op de grond zit of ligt, omdat je er gedesoriënteerd door kunt raken. Mocht dit gebeuren, kalmeer dan en plaats je tijdlijn weer in zijn oorspronkelijke oriëntatie.

Als je een door-de-tijdiemand bent en je tijdlijn voor je ligt, kun je je tijdlijn veranderen door erop te gaan staan zodat je je hoofd en je lijf moet omdraaien om het verleden of de toekomst te kunnen zien. Je kunt je tijdlijn ook wijzigen door erboven te gaan zweven, zodat de tijdlijn onder je ligt en je hem onder je voeten hebt of door je lijf kunt laten lopen als je weer naar beneden zweeft.

Als in-de-tijdpersoon kun je van je tijdlijn afstappen zodat deze voor je ligt en je je heden, verleden en toekomst als een continuüm kunt bekijken zonder je hoofd te hoeven draaien. Als je dat wilt, kun je boven je tijdlijn gaan zweven; terugkerend zet je jezelf zodanig neer dat je je tijdlijn weer voor je hebt.

Behalve dat je de oriëntatie van je tijdlijn kunt veranderen, kun je er ook veel baat bij hebben als je de ruimte van je heden en verleden op die lijn manipuleert.

Reizen langs je tijdlijn naar een gelukkiger leven

Je tijdlijn bestaat uit een reeks herinneringen die een structuur hebben. Beelden zijn in kleur, geluiden kunnen hard of zacht zijn, gevoelens geven je een licht of terneerdrukkend gevoel. Lees hoofdstuk 2 voor meer informatie hierover. Je herinneringen worden door je geest gemaakt; als we allemaal tegelijkertijd van dezelfde gebeurtenis getuige zijn, herinnert elk van ons zich die gebeurtenis op een eigen unieke en verschillende manier.

Door je tijdlijn af te reizen, je herinneringen te bekijken en de lessen te begrijpen die je daaruit kunt leren, kun je ontsnappen aan de greep die sommige herinneringen op het heden hebben en kun je hun structuur wijzigen door ze kleiner, zachter of lichter te maken. Je verleden hoeft dus niet noodzakelijk een schaduw op je heden (of nog belangrijker, op je toekomst) te werpen.

Negatieve emoties en beperkende beslissingen loslaten

Negatieve emoties zijn emoties zoals boosheid, angst, schuld, rouw, bedroefdheid en spijt, om er slechts enkele te noemen. De waarde van deze gevoelens is dat ze je menselijk maken – je zou toch niet willen dat je deze emoties niet zou kunnen ervaren? – maar soms hebben ze een krachtige, ongewenste invloed. Ze kunnen je lijf kwalen bezorgen en een verwoestende werking uitoefenen op de manier waarop je je leven leidt.

Een *beperkende beslissing* is een beslissing die je nam op een moment dat je dacht dat je iets niet kon omdat je daar te stom, te zwak, te arm of te klein voor was. Bijvoorbeeld: 'Ik kan niet afslanken' of 'Ik ben slecht in rekenen'. De beperkende beslissing beperkt je potentieel en staat succes in de weg.

Hoewel je negatieve emoties en beperkende beslissingen in je verleden hebt gecreëerd, beïnvloeden ze jouw heden. Door langs je tijdlijn terug te reizen en op die manier je verleden binnen te gaan, zul je, door bewust in te zien waartegen je onbewuste je probeerde te beschermen, in staat zijn de emoties en beslissingen gemakkelijker vrij te maken en los te laten.

PAS OP!

Omgaan met negatieve emoties kan behoorlijk emotioneel zijn; je moet er zeker van zijn dat je over alle benodigde steun kunt beschikken. Houd daarom de volgende dingen in gedachten, voordat je met je negatieve emoties of beperkende beslissingen aan de slag gaat met de techniek die in deze paragraaf wordt besproken:

- Als je met hele heftige emotionele conflicten (zoals trauma, kindermisbruik of scheiding) aan de slag wilt gaan, raden we je dringend aan om een bevoegd therapeut in de arm te nemen.
- Wanneer je met een tijdlijn aan de slag gaat, kun je dat het beste samen met iemand anders doen, omdat de ander je kan steunen als jij de oefening uit het oog verliest en wordt overmand door de emoties die je op dat moment ervaart. Je helper kan er bovendien voor zorgen dat je de stappen in de oefening op de juiste manier volgt.

Het in figuur 9.1 afgebeelde diagram is voor de volgende oefeningen van wezenlijk belang, omdat het op de tijdlijn de locaties aangeeft waarvan je je bewust moet zijn. Het is vooral bruikbaar voor meer visueel ingestelde mensen die beelden in hun hoofd maken.

- Locatie 1 in de figuur duidt de positie op de tijdlijn aan waar je naar toe zweeft, namelijk direct boven het heden.
- Locatie 2 is direct boven de SEE, ofwel de emotioneel significante gebeurtenis of grondoorzaak.

- Locatie 3 is eveneens boven je tijdlijn, maar dan een kwartier eerder dan de grondoorzaak.

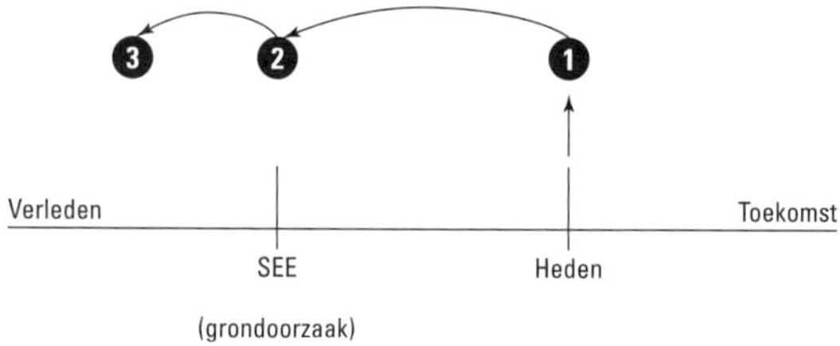

Figuur 9.1: Locaties op je tijdlijn

PROBEER DIT

Deze oefening is een kennismaking met een proces dat je kan helpen bij het verwijderen van negatieve emoties waarvan je regelmatig last hebt, bijvoorbeeld irrelevante angstgevoelens. Vergeet daarbij vooral niet om open te blijven staan voor de antwoorden die je onbewuste je voorschotelt.

1. Ontspan je op een plek waar je je veilig voelt en denk aan een licht negatieve emotie die je in het verleden hebt ervaren.

2. Ga bij jezelf na of het oké is om van de gebeurtenis te leren en de emotie vrij te maken. Ontspan je en vraag aan je onbewuste: 'Is het goed voor me om boosheid vrij te maken?'

3. Vraag aan je onbewuste: 'Wat is van dit probleem de grondoorzaak die, losgemaakt van dit probleem, dit probleem zal laten verdwijnen? Was dat vóór, tijdens of na mijn geboorte?'

BELANGRIJK

Wanneer je aan je onbewuste vraagt of de grondoorzaak vóór, tijdens of na de geboorte lag, sta dan open voor het antwoord. Je onbewuste absorbeert een heleboel informatie en neemt veel beslissingen zonder dat je jezelf daarvan bewust bent.

4. Zodra je de grondoorzaak kent, zweef je boven je tijdlijn verder, zodat je het verleden en de toekomst onder je kunt zien liggen.

   Je bevindt je nu op locatie 1 (zie figuur 9.1).

5. Terwijl je je nog steeds boven je tijdlijn bevindt, zweef je terug tot boven de SEE-locatie (locatie 2, zie figuur 9.1). Ga na wat je toen zag, hoorde en voelde.

6. Vraag je onbewuste te leren wat er van de gebeurtenis moet worden geleerd om de negatieve emoties gemakkelijk en snel los te laten.

7. Zweef naar locatie 3 in figuur 9.1, ofwel naar een moment dat een kwartier vóór de SEE ligt.

8. Terwijl je op locatie 3 boven je tijdlijn zweeft, draai je je om zodat je de grondoorzaak voor je en onder je ziet liggen.

9. Geef jezelf toestemming om alle negatieve emoties die aan de gebeurtenis zijn gekoppeld, los te laten en kijk waar de negatieve emotie heen gaat.

   Zijn alle andere aan de gebeurtenis gekoppelde negatieve emoties ook verdwenen?

10. Als andere negatieve emoties blijven bestaan, gebruik elke uitademing dan om alle emoties vrij te laten die aan de SEE gekoppeld zijn.

11. Blijf op locatie 3 totdat je voelt of weet dat alle negatieve emoties in rook zijn opgegaan.

12. Wanneer je klaar bent (en daarmee bedoelen we wanneer je voelt dat je de negatieve emotie hebt losgelaten), zweef je terug naar locatie 1.

Zorg dat het tempo waarin je te werk gaat, door je onbewuste kan worden bijhouden, en laat alle gekoppelde emoties los.

13. Kom weer terug in de kamer.

14. Test het resultaat. Dat wil zeggen, ga naar een moment in de toekomst waarop de emotie normaliter zou worden opgeroepen en ga na of de emotie is verdwenen.

TIP

Als je de resultaten waarop je hoopte niet krijgt, vraag dan aan je onbewuste om de reden aan te geven waarom je de emoties niet hebt kunnen loslaten. Het geschiktste ogenblik om dat te doen is het moment waarop je in slaap dreigt te vallen, volkomen ontspannen bent of mediteert. Als je geen begrijpelijk antwoord krijgt, kun je het beste gaan werken met een coach of therapeut om je te verlossen van problemen uit je verleden die verhinderen dat je de gewenste resultaten boekt.

TIP

Deze oefening kun je ook gebruiken om een beperkende beslissing kwijt te raken. Stel dat je hebt besloten om arm of ongezond te blijven of dat je een ander zelfondermijnend besluit (bijvoorbeeld 'ik kan nooit echt slagen') hebt genomen. Volg de eerder genoemde procedure, maar deze keer ten aanzien van de beperkende beslissing in plaats van de negatieve emotie.

Vergiffenis

Achteraf gezien en wijzer geworden kun je iemand uit je verleden vergiffenis schenken. Dit stelt je in staat om alle energie vrij te maken die je in rancune, boosheid of andere emoties had gestopt. Je kunt je leven vervolgens voortzetten en alle energie op creatievere of constructievere dingen richten. Een nuttige manier om dit te bereiken is dat je de motieven begrijpt van degene die je heeft gekwetst, en dat je beseft dat de mensen die je kwetsten dat deden vanuit hun eigen werkelijkheid die uiterst beperkte keuzemogelijkheden bood.

Jeugdherinneringen

Door langs je tijdlijn terug te reizen en een gebeurtenis uit je jeugd op te zoeken kun je je jongere ik in de armen nemen en geruststellen dat alles goed zal komen. Je kunt jezelf met licht omringen en de wonden van de tijd helen. Stel jezelf vervolgens voor dat je al die vreugde en opluchting langs je tijdlijn direct naar het heden overbrengt.

Angst kwijtraken

Angst is simpelweg een negatieve emotie ten aanzien van een gebeurtenis in de toekomst. Je hebt al vernomen dat je een negatieve emotie of beperkende beslissing kunt verwijderen door te zweven naar een moment vlak vóór de gebeurtenis die de emotie opwekte, of vlak vóór het moment waarop je de beperkende beslissing nam (zie de paragraaf 'Negatieve emoties en beperkende beslissingen loslaten' eerder in dit hoofdstuk). Angst kun je verwijderen door te zweven naar een toekomstig moment *na de geslaagde afsluiting* van de gebeurtenis waarvoor je zo bang bent.

Een betere toekomst scheppen

Bedenk eens, nu je weet hoe je langs je tijdlijn kunt reizen, hoe schitterend het zou zijn om een paar onweerstaanbaar aantrekkelijke doelen te nemen en die in je toekomst te plaatsen.

PROBEER DIT

1. Zoek een plek op waar je je veilig en ontspannen voelt en formuleer je doel.

2. Ga boven je tijdlijn zweven, zodat je je verleden en je toekomst onder je kunt zien liggen.

3. Zweef boven je tijdlijn in voorwaartse richting naar het moment waarop je je doel wilt hebben bereikt.

4. Draai je om en kijk naar het *heden*. Geef alle gebeurtenissen langs je tijdlijn de mogelijkheid om zich zodanig af stemmen dat ze je doel ondersteunen en let op alle acties die je wellicht onderweg nog zult moeten ondernemen.

5. Zodra je klaar bent, zweef je terug naar het heden en kom je weer terug in de kamer waar je je fysiek bevindt.

BELANGRIJK

Ga altijd je motieven na als je doelen instelt en de manieren bedenkt om ze te bereiken. Controleer vooral of ze met alle terreinen van je leven in overeenstemming zijn. Door je beweegredenen kritisch te bekijken kun je er zeker van zijn dat je niet door geheime negatieve emoties wordt gedreven. Stel bijvoorbeeld dat je je concentreert op veel geld verdienen; in dat geval zul je er zeker van willen zijn dat de wens afkomstig is van het verlangen om financieel onafhankelijk te zijn en minder fortuinlijke mensen te kunnen helpen, en niet omdat je aan een arme jeugd wilt ontsnappen.

Door je motieven te controleren kun je bovendien achter de schermen opererende onbewuste angsten opsporen, bijvoorbeeld: 'Als ik rijk ben, zullen de mensen alleen vanwege mijn geld vrienden van me willen zijn, en niet omdat ze me graag mogen.' Door je motieven grondig te analyseren maak je de precieze redenen voor je wens glashelder en kun je stappen nemen om eventuele onbewuste conflicten uit de weg te ruimen.

Hoofdstuk 10

Tien films waarin NLP-processen een rol spelen

In dit hoofdstuk:

- Zoeken naar de NLP-processen die in films een rol spelen
- Je NLP-vaardigheden verkennen via het filmmedium

We hebben tien films voor je geselecteerd die de moeite van het bekijken waard zijn. Het zijn films die we in de meeste gevallen opbeurend van aard vonden (en in een paar gevallen provocerend), maar het belangrijkste is dat we in al deze films aspecten van NLP konden terugvinden. We hebben in elke film enkele NLP-aspecten aangegeven om te illustreren naar welke aspecten je op zoek kunt gaan als je je vaardigheden wilt oefenen, zelfs als je gewoon ontspannen een filmpje pakt.

Avatar

Avatar is een expressie van James Camerons toewijding en concentratie om een film tot leven te brengen. Het duurde meer dan tien jaar om de visie op deze film in zijn hoofd te krijgen. Nog verbazingwekkender is dat hij en zijn team een virtuele camera ontwierpen die de opnamen naar een nieuw niveau tilde. Met andere woorden, hij maakte een filmwereld en paste die aan zijn behoeften aan, waardoor hij de kunst van het filmen niet alleen voor zichzelf maar ook voor toekomstige filmmakers op een hoger plan bracht. Als je een voorkeur hebt voor de visuele modaliteit, dan is deze film echt een traktatie, vooral als je hem in 3D bekijkt. De twee hoofdthema's zijn:

- Het leven schenkt veel meer voldoening wanneer alle logische niveaus op elkaar zijn afgestemd. Dat is met name effectief als hele gemeenschappen deze afstemming hebben, want zo'n situatie is een ware krachtbron voor verandering die snel kan verlopen en die iedereen ten goede komt. De Na'vi zijn de autochtone bewoners van de maan Pandora. Hun spirituele band met deze maan zorgt ervoor dat alle bewoners voorzichtig te werk gaan en alleen pakken wat ze nodig hebben om te overleven. De Na'vi zijn via deze spirituele identiteit geheel afgestemd op de omgeving van Pandora, die ze de kracht geeft om hun menselijke vijand, ondanks hun superieure vuurkracht, te verslaan.

- Waarden werken sterk motiverend. Naarmate Jake Sully de rijkdom van de cultuur op Pandora begint te begrijpen, komen zijn waarden in strijd met die van zijn metgezellen, want die willen de bronnen op Pandora simpelweg exploiteren. In dit geval is Sully bereid om voor zijn waarden te sterven.

Ferris Bueller's Day Off

Een hoogst onderhoudende film over een tiener, Ferris Bueller, die vindt dat 'het leven zo snel voorbijgaat, dat je het over het hoofd zou kunnen zien als je niet halt houdt en om je heen kijkt'. Met deze overtuiging in zijn achterhoofd besluit hij te spijbelen. Hij haalt zijn beste vriend Cameron over om met hem mee te gaan. Als opdracht van de dag heeft Ferris het plan om Cameron te helpen wat meer achting voor zichzelf te krijgen. Deze film gaat over overtuigingen en verantwoordelijkheid nemen voor je handelingen. Ferris gelooft in zichzelf en wordt door iedereen aanbeden, door zijn ouders, zijn klas- en schoolgenoten en door zijn stadgenoten in het algemeen. De enige uitzonderingen zijn schoolhoofd Ed Rooney en Ferris' zus Jeanie.

Het is interessant om na te gaan waar mensen zich op concentreren en hoe dat hun leven beïnvloedt. Ferris concentreert zich op vreugde beleven aan het leven; hij helpt Cameron, hij heeft maling aan het systeem, hij zwiert door zijn dag en bereikt zijn doelen. Ed Rooney en Jeanie daarentegen haten Ferris vanuit de grond van hun hart en vooral Rooney beleeft in meerdere opzichten een verschrikkelijk pijnlijke dag. Jeanie overwint haar angst tijdens een hilarisch gesprek op het politiebureau met een jongen die haar aanraadt zich meer te concentreren op haar eigen bezigheden en minder op wat haar broer aan het doen is.

De grootste verandering vindt plaats in Cameron. Aan het begin van de film is Cameron een slachtoffer, volledig overgeleverd aan de genade van de mensen in zijn leven: zijn vader voor wie hij doodsbang is, en met name Ferris tegen wie hij geen nee kan zeggen. Tegen het einde van de film, wanneer Cameron zijn vader heeft 'gedood', geeft hij toe dat hij zichzelf door Ferris liet leiden en op elk moment *nee* had kunnen zeggen. Het beste moment is wanneer Cameron de moed heeft om zijn vader tegen te spreken nadat hij hem over zijn auto heeft verteld.

UP

UP is een animatiefilm voor alle leeftijden, hoewel vooral volwassenen (veel meer dan jongeren) onder de indruk zullen zijn van een paar aangrijpende fragmenten tijdens de eerste elf minuten van de film. Uiteindelijk vertelt deze film het liefdesverhaal van Carl en Ellie en hoe Carl uiteindelijk een jeugddroom verwezenlijkt nadat hij voor een levenslang avontuur in de toekomst is beland.

Ellie is uiterst vertederend als roodharig meisje dat een tand mist (wisselperiode). Ze is luidruchtig, extrovert met een sterk proactieve tendentie en brengt de stille, introverte, reactieve Carl volledig van zijn stuk. Zo verklapt ze hem een geheim dat ze nog nooit aan iemand heeft verteld; ze laat hem haar dagboek zien, dat Mijn Avonturenboek is getiteld. Op een van de bladzijden staat een foto van de Paradijsrots en daar wil Ellie gaan wonen. Ze shockeert een timide Carl wanneer ze geestdriftig zegt dat ze dat plaatje uit een bibliotheekboek heeft gescheurd, zonder over de gevolgen na te denken.

Op een van de bladzijden staat 'Dingen die ik ga doen' en de volgende pagina's zijn allemaal leeg. Vervolgens zegt ze tegen Carl dat ze die heeft gereserveerd voor alle avonturen die ze gaat beleven. Het interessante van Ellie's avonturenboek is dat ze het slechts eenmaal aan Carl laat zien. De oudere Carl is er zich niet van bewust is dat ze het al die jaren heeft bijgehouden. Hij is erg verdrietig wanneer hij haar Avonturenboek jaren later vindt, omdat hij weet dat ze er nooit in slaagde om de Paradijsrots te bereiken. Hij is erg verrast als hij ziet dat de bladzijden vol staan van hun leven met zijn twee. Carls idee van een avontuur was geconcentreerd op een bezoek aan de Paradijsrots, maar Ellie beleefde elk moment als een avontuur.

De film herinnert ons eraan dat het belangrijk is om in de kleine dingen des levens plezier te scheppen en dat het weliswaar handig is om een plattegrond van je leven te hebben, maar dat je je niet in doelen moet vastbijten ten koste van de kleine pleziertjes. Je dient je wegenkaart af en toe te herzien en deze aan je veranderende waarden en levenservaringen aan te passen.

Dune

Dune is de geschiedenis van een held. Paul Atreides, de zoon van Hertog Leto, reist van zijn thuiswereld naar Arrakis, een wereld die supernatuurlijk is vergeleken bij wat Paul kent. Hij ontmoet de inheemse blauwogige bevolking van Arrakis en ontdekt het geheim van de wormen en de spijs, de grootste schat in het universum.

In het bezit van deze kennis bevrijdt Paul Muad'dib, zoals hij nu wordt genoemd, de mensen van Arrakis van de overheersing door de Keizer, hij wreekt zijn vader en vervult zijn lot. De speciale effecten in deze film ogen in de eenentwintigste eeuw enigszins gedateerd, maar in 1984 waren ze adembenemend. Behalve dat het een onderhoudende film is, kun je er een paar hele bruikbare lessen uit leren, namelijk dat verandering onvermijdelijk is, vooral als het groei betreft.

Jessica, de geliefde bijslaap van de hertog en moeder van Paul, toont haar persoonlijke kracht door volledige verantwoordelijkheid te nemen voor haar keuzes, ongeacht de gevolgen.

Dune laat de kracht van de geest zien en hoe deze angst kan overwinnen. Vooral wanneer Paul Atreides door de Eerwaarde Moeder Gaius Helen Mohiam op de proef wordt gesteld, heeft hij bewuste controle over zijn vrees en overleeft hij de krachtproef.

As Good As It Gets

Jack Nicholsons uitbeelding van de chagrijnige, obsessief-compulsieve kluizenaar Melvin Udall is hilarisch. Deze film leert ons een les over rapport, of liever gezegd, hoe je rapport niet moet opbouwen!

Udall gedraagt zich afschuwelijk. Hij maalt er niet om hoe hij mensen behandelt en hij is een kei in het verbreken van rapport, ook al weet hij dat zelf niet. Greg Kennear speelt Simon Bishop, een aardige homofiele artiest die het mikpunt van Melvins onaardigheid is. Helaas wordt Simon in elkaar geslagen, waarna Melvin gedwongen is voor Simons hond Verdell te zorgen. De manier waarop Verdell Melvin in het opbouwen van rapport traint, zal dierenliefhebbers goed doen. Een van Melvins eigenaardigheden is dat hij scheuren in het plaveisel vermijdt. De band tussen man en hond wordt bezegeld wanneer Verdell Melvins voorbeeld volgt en ook ijverig de scheuren in het plaveisel gaat vermijden.

In hoofdstuk 1 bespreken we de NLP-vooronderstelling dat elk gedrag een positieve intentie heeft. Uiteindelijk doet Melvin dingen die door de betrokkenen zeer op prijs worden gesteld, al is de positieve intentie gewoonlijk dat Melvin in zijn obsessief-compulsieve gedrag vast blijft zitten.

Bend It Like Beckham

Een alleraardigste film over *girl power*, vriendschap, dromen en aspiraties met hindernissen. Deze film laat zien hoe 'ismen' je gevangen en ongelukkig kunnen houden totdat je de moed hebt om los te breken om uit de beperkingen die anderen je oplegden.

Het enige wat Jess, een Engelse dochter van Indiase ouders, wil is voetballen. Maar helaas is ze geketend aan een culturele achtergrond die zulke onvrouwelijke bezigheden afkeurt, dus moet ze dat heimelijk doen. Ze heeft daar interessante smoesjes voor. Jess voelt zich niet lekker totdat ze openheid van zaken geeft en haar passie voor voetbal uit. Ze wordt de hechte vriendin van een Kaukasisch-Engels meisje, Juliette ofwel 'Jules' Paxton, met hilarische misverstanden tot gevolg. Jules vertrekt met de bus en knuffelt Jess. Een Aziatisch gezin ziet die onschuldige knuffel en vervormt die onmiddellijk, want ze denken dat het witharige meisje een jongen is. En dan gaat de knuppel pas goed in het hoenderhok.

Het is prachtig om te zien hoe haar moeder Paula worstelt om Jules' jongensachtige manieren van doen te begrijpen en te accepteren en hoe ze de vriendschap van Jess en Jules abusievelijk als een lesbische relatie opvat. Haar pogingen om politiek correct te zijn en haar voorgewende begrip van de Aziatische manieren van doen om te bewerkstelligen dat Jess zich in haar huis thuis voelt, zijn ontroerend en hilarisch tegelijk.

In *Bend It Like Beckham* is er sprake van een conflict omdat de familie van Jess en de gemeenschap bepaalde opvattingen hebben over de rol die meisjes dienen te spelen. Meisjes die kunnen koken en nakomelingen produceren oftewel meisjes die wel voldoen aan de norm, worden in de boezem van de familie en de gemeenschap opgenomen. In zekere zin wordt de identiteit van de gemeenschap bedreigd door Jess' non-conformistische gedrag. Ook Paula Paxton laat haar gevoelens danig door Jules beïnvloeden.

Field of Dreams

Dit is een klassieker over de voldoening wanneer je dromen in vervulling gaan en de hunkering die aan je knaagt zolang dromen niet worden verwezenlijkt. Wanneer je je concentreert op wat je liefhebt, in plaats van waarop je je volgens anderen (en jezelf) behoort te concentreren, maak je je ambities gemakkelijker waar.

Kevin Costner schittert in de rol van Ray Kinsella, een boer in nergensland die een honkbalteam besluit op te richten omdat hij een stem hoort die zegt 'als je zo'n team samenstelt, komen ze wel'. In de film wordt de sfeer bepaald door een heleboel zintuiglijke aspecten en een massa metaforen.

Kinsella en zijn gezin zijn een metafoor voor jou en de mensen met wie je wellicht in je leven te maken krijgt: de dokter, de verwanten die je moet verdragen, de conflicten die je in je leven tegenkomt en hoe je daarmee omgaat. Kijk maar eens hoe

Ray over zijn vader praat. Hij lijkt boos te zijn omdat zijn vader toestond dat hij door het leven werd getekend. Zijn reactie op de stem is bijna een reactie op de middelmatigheid van zijn vaders leven en de angst dat deze gelegenheid wel eens de laatste kan zijn om iets te bereiken.

Gattaca

Een inspirerende sciencefictionfilm waarin vastbeslotenheid het wint van genetische 'fouten' en waarin bewezen wordt dat succes niet is gewaarborgd als je de voorwaarden voor succes op een zilveren blaadje krijgt gepresenteerd. De film laat zien hoe gerichtheid op een doel zelfs de hoogst denkbare hindernissen kan overwinnen. Vincent Freeman is 'ongeldig', want hij was een liefdesbaby, niet volgens gebruik genetisch geprogrammeerd. Hij is linkshandig, wat door zijn omgeving als een handicap wordt beschouwd en heeft bovendien een potentiële hartkwaal, waardoor hij niet volwaardig wordt geacht. Zijn grootste wens is een ruimteschip besturen, maar de enige manier om in de buurt van een ruimteprogramma te komen is als schoonmaker. Daarom 'leent' Vincent de identiteit van Jerome Eugene Morros om toegang te krijgen.

De film demonstreert de kracht van een overtuiging. Iedereen ziet Jerome wanneer ze naar Vincent kijken, want dat is degene die ze verwachten te zien. Vincents onwankelbare geloof in zijn eigen kunnen helpt hem om zijn droom waar te maken, evenals zijn weigering om te aanvaarden wat de wereld om hem heen onmogelijk acht. Een paar saillante momenten hebben te maken met Jerome's acceptatie dat alles wel goed gaat, maar dat hij nog steeds tweede was, en dat hij pas echt een levensdoel vond, al was het maar voor korte tijd, toen Vincent hem zijn droom uitleende. De concentratie en vastbeslotenheid van Vincent gaf Jerome een doel in zijn leven. Dat doel had hij eerder nooit gehad, ondanks de voordelen die hij wel had en Vincent niet. Ondanks al die voordelen was Jerome op weg naar zelfvernietiging totdat hij met Vincent begon te werken.

The Matrix

Een opwindende sciencefictionfilm die de werkelijkheid verkent en toont wat je allemaal kunt meemaken en bereiken wanneer je in jezelf begint te geloven. Deze film leert je veel NLP-lessen, van het taalgebruik tot aan de overtuigingen die aan de handelingen ten grondslag liggen.

Op een bepaald moment zegt agent Smith dat 'we bereid zijn om het schoolbord uit te vegen' en zet die metafoor kracht bij door het dossier van Neo naar het einde van het bureau te schuiven. In een hele interessante scène legt Morpheus uit dat werkelijkheid simpelweg een interpretatie is die de hersenen geven aan elektrische impulsen die via de zintuigen tot je zijn gekomen. Elders in de film zijn Morpheus en Neo aan het sparren; Morpheus zegt tegen Neo dat hij hem niet meer moet proberen te raken, maar hem echt moet raken. Iets proberen duidt op iets van twijfel, aangezien je bij de afwezigheid van twijfel gewoon een handeling zou uitvoeren in plaats van het te proberen.

Een ander opmerkelijk moment doet zich voor nadat Neo vergeefs een sprong naar de virtuele werkelijkheid heeft gemaakt en in werkelijkheid bloedt. Morpheus zegt dan dat de geest van de kwetsuur een werkelijkheid maakt. Aanvankelijk is Neo slechts iemand die uit de matrix is opgehaald, maar naarmate zijn zelfvertrouwen groeit, groeit ook zijn vertrouwen in zichzelf en doet hij dingen waarover hij zelf verbaasd staat.

Stand and Deliver

Dit is een uitstekende film die gebaseerd is op een waar verhaal waarin een leraar op een middelbare school zijn klas kinderen uit een achterstandswijk in Los Angeles in zichzelf laat geloven en stereotypen laat overwinnen.

Wat echt interessant is en iets aan de humor toevoegt, is hoe James Escalante zich op zijn leerlingen afstemt om ze vervolgens kansrekening te leren. Hij gebruikt dezelfde gebaren en lichaamstaal als zijn leerlingen en leert ze al rappend eenvoudige wiskunde. Met een welgevormd resultaat in gedachten geeft het gedrag van Escalante blijk van heel wat flexibiliteit.

Een belangrijke les die uit deze film kan worden geleerd, is dat je voorzichtig moet zijn wanneer je mensen probeert te beschermen tegen wat volgens jou hun zwakheden zijn. Feitelijk zweer je samen om ze in hun veilige zone te houden en verhinder je hun groei vanwege het filter dat je op de situatie toepast.

Index